全球治理的中国方案

全球发展

的

中国方案

孙靓莹　张宇燕◎著

五洲传播出版社

图书在版编目（CIP）数据

全球发展的中国方案 / 孙靓莹, 张宇燕著 . -- 北京：
五洲传播出版社 , 2022.9
（"全球治理的中国方案"丛书）
ISBN 978-7-5085-4233-1

Ⅰ . ①全… Ⅱ . ①孙… ②张… Ⅲ . ①世界经济 – 研
究 Ⅳ . ① F11

中国版本图书馆 CIP 数据核字（2019）第 143368 号

"全球治理的中国方案"丛书

出 版 人：关　宏

全球发展的中国方案

著　　者：孙靓莹　张宇燕
责任编辑：苏　谦
装帧设计：澜天文化

出版发行：五洲传播出版社
地　　址：北京市海淀区北三环中路 31 号生产力大楼 B 座 7 层
邮　　编：100088
发行电话：010-82005927，82007837
网　　址：http://www.cicc.org.cn http://www.thatsbooks.com
承 印 者：中煤（北京）印务有限公司
版　　次：2023 年 7 月第 1 版第 2 次印刷
开　　本：787mm × 1092mm 1/16
印　　张：15.5
字　　数：200 千字
定　　价：68.00 元

引言

第一章　中国发展成就与发展理念的演变　　　　　*09*

第一节　改革开放前中国发展成就（1949—1978）　　*10*

第二节　改革开放以来中国发展成就（1978 年至今）　*17*

第三节　改革开放以来中国发展理念的演变　　　　　*37*

第二章　改革开放的政策历程与理论溯源　　　　　*53*

第一节　改革开放的推进过程　　　　　　　　　　　*54*

第二节　改革开放的政策历程　　　　　　　　　　　*70*

第三节　改革开放的历史逻辑　　　　　　　　　　　*77*

第四节　来自发展经济学的解释：得益于贸易、制度完善与技

　　　　术进步的增长　　　　　　　　　　　　　　*84*

第三章　新时代中国的发展实践　　　　　　　　　*99*

第一节　新时代中国发展实践取得的成就　　　　　　*100*

第二节　创新、协调、绿色、开放、共享的新发展理念　*104*

第三节　新时代中国发展理念的落实　　　　　　　　*140*

第四章　参与构建可持续发展全球伙伴关系　145

第一节　可持续发展全球伙伴关系的内涵　146

第二节　构建创新、活力、联动、包容的世界经济　162

第三节　中国参与新全球可持续发展伙伴关系　171

第四节　以"一带一路"推动新时代国际发展合作　177

第五章　发展方案的国际比较　189

第一节　二战后各国发展模式与经验　190

第二节　发展经济学的研究脉络　197

第三节　联合国发展观的变迁　207

第四节　发展方案中的几个理念问题　221

结语：新发展格局拓宽中国发展之路　232

参考文献　237

引言

开放带来进步，封闭必然落后。中国经济社会发展所取得的巨大成就，得益于过去 40 多年持续推进的改革开放政策。未来，中国经济要实现高质量发展，仍离不开进一步的深化改革与对外开放。2019 年 4 月 26日，在第二届"一带一路"国际合作高峰论坛开幕式上，习近平主席宣布，中国将采取一系列重大改革开放举措，加强制度性、结构性安排，促进更高水平对外开放。此举向世界宣示了中国"开放的大门不会关闭，只会越开越大"的决心和信心。

新起点，新征程。探源开放理论，深入理解中国为什么要坚定不移奉行互利共赢的开放战略，有助于我们在更高起点上推动新时代的对外开放，从而不仅为国内经济发展注入新动力、增添新活力、拓展新空间，也为世界带来更大机遇，让中国发展更好地惠及世界。

要厘清中国对外开放的经济逻辑，基本思路在于弄清楚开放如何通过扩大市场规模来促进长期经济增长。市场规模的扩大有五个维度：一是参与交易的人口数量的增多；二是参与者因人力资本积累和技术创新而提高了财富创造能力；三是可交易对象范围的扩大；四是货币化程度的攀升；五是有效制度安排之覆盖面的拓展和执行力度的加强。五者相辅相成、共同作用，最终导致了市场规模的扩大。将市场规模的扩大与长期经济增长理论相结合，我们便可以得到一个简洁的模型，其关键变量和逻辑关联如下：市场规模扩大→潜在的"得自贸易的收益"出现或增加→得到政府恰当保障的财产权和契约权→交易成为可能并可以顺利完成→分工和专业化程度加强→创新和学习带来技术进步→劳动生产率提高→经济增长。上述逻辑框架有助于我们从理论上深化对中国对外开放的理解，这也是中国发展理念的最重要核心。

本书主要按照时间顺序，介绍中国在不同阶段所取得的发展成就、秉持的发展理念以及采取的发展政策，通过回顾和梳理不同阶段的发展实践，总结出全球发展中具有中国特色的发展方案。

本书的重点内容之一是以1978年中共十一届三中全会为起点的改革开放进程。正是以此为契机，中国经济、社会在此前发展的良好基础上，迎来了全面进步、全面融入世界经济体系的高峰时期。通过国内各项改革措施，中国逐步合理地配置生产要素，确立了以公有制为主体、多种所有制经济共同发展的社会主义市场经济体制，尊重并充分发挥市场在资源配置中的决定性作用。在此基础上，强调劳动力资本作用、重视技术创新、重视企业家精神的培育和实践，并通过一系列举措，全面完善产权制度，构建了归属清晰、责权明确、保护严格、流转顺畅的现代产权制度。

在对外开放方面，中国采取由点到线到面的开放次序，逐步扩大对外开放的地域和行业领域。从按照平等互利的原则扩大对外经济技术交流，进一步扩大对外开放的广度和深度，到形成多层次、多渠道、全方位开放新格局；从吸引外资"引进来"，到鼓励中国企业"走出去"；从发展加工贸易为主，到鼓励高新技术生产制造，中国一步一步地全面地融入世界经济体系。本书中提到的"得益于贸易、制度完善与技术进步的增长"，是对中国改革开放经验的一次总结，以期通过中国的发展实践，为世界其他的发展中国家提供参考。

作为世界第二大经济体，中国经济长期保持较高增速。2019年，中国GDP总量超过99万亿元人民币，稳居世界第二位；实际增速为6.1%，远高于美欧日等主要发达经济体；对世界经济增长贡献率多年保持在 30% 左右。进入 2020 年，由于新冠肺炎疫情的影响，中国经济遭受了较大冲击。得益于有效的疫情防控和稳定经济运行政策举措，中国国内疫情防控形势持续向好，生产生活秩序加快恢复，经济逐步向平稳有序的方向迈进，展现出较强的发展韧性。2020 年中国 GDP 总量达到 101 万亿元，首次突破 100 万亿大关，保持了 2.3% 的良好增速，是世界唯一一个经济增速为正的主要经济体。2021 年中国经济持续复苏，GDP 总量达到 114 万亿元，实现 8.1% 增长。中国既集中精力办好自己的事，又秉持人类命运共同体理念，加强同国际社会的协调与合作，采取务实举措，为推动世界经济稳定发展作出重要贡献。

本书深入探讨了中国发展道路的选择以及当代中国新发展观的实践，以充分的事实说明中国新发展理念的合理性、必要性。发展是解决中国一切问题的基础和关键。中国的发展必须是科学发展，必须坚定不移地贯彻创新、协调、绿色、开放、共享的发展理念。本书的最后，以国际的视角对中外几种不同的发展方案进行了比较。当下，人类社会站在何去何从的历史十字路口，对中国发展道路的探讨，想必会给关心这个问题的读者一些有益的启示。

第一章
中国发展成就与发展理念的演变

　　近代以来，为实现中华民族伟大复兴，中国人民进行了不屈不挠的斗争。中华人民共和国成立后，中国经济社会面貌发生了巨大变化，综合国力显著增强，经济生活充满生机与活力。2000年，中国国内生产总值（GDP）突破10万亿元；2012年，中国GDP达到50万亿元；八年后的2020年，中国GDP突破了100万亿元大关。近20年来，中国GDP增长了10倍，实现了经济社会发展的全面腾飞。2021年2月25日，习近平总书记在全国脱贫攻坚总结表彰大会上庄严宣告，脱贫攻坚战取得全面胜利，中国已全面消除绝对贫困。这是中华民族发展史上具有里程碑意义的重大事件。中国的发展成就，是在不同时期的具体发展理念指导下取得的，蕴含着宝贵的中国智慧与中国经验。

第一节
改革开放前中国发展成就
（1949—1978）

1981 年 6 月，中共十一届六中全会一致通过了《中国共产党中央委员会关于建国以来党的若干历史问题的决议》。《决议》指出，"中国共产党在中华人民共和国成立以后的历史，总的说来，是我们党在马克思列宁主义、毛泽东思想指导下，领导全国各族人民进行社会主义革命和社会主义建设并取得巨大成就的历史"。[①] 中华人民共和国成立到改革开放之前的近三十年中，中国共产党领导中国人民进行了社会主义改造，开启了全面建设社会主义的新时期。在政治领域，中国建立了工人阶级领导的以工农联盟为基础的人民民主专政制度、民主集中制的人民代表大会制度、中国共产党领导的多党合作和政治协商制度、民族区域自治制度。在经济领域，中国建立了以公有制为基础的基本经济制度。社会主义制度在中国全面确立。

[①] 《中国共产党中央委员会关于建国以来党的若干历史问题的决议》，北京：人民出版社，1981 年。

一、总体经济较快增长，初步建立工业体系

从 1953 年到 1976 年，中国国内生产总值年均增长 5.9%，其中工业总产值年均增长 11.1%，从 1957 年的 704 亿元上升到 1976 年的 3158 亿元。[①] 在此期间，中国初步建立了工业体系，工业建设获得质的飞跃。从"一五"时期（1953—1957）到"四五"时期（1971—1975），中国新建和扩建了一批涉及汽车、飞机、机械、船舰、冶金、煤炭、石油、电力、通信、化学等行业的基础工业项目，兴建了电子工业、石油化学工业、原子能工业、航天工业等新兴工业部门，初步建成了战略后方基地和科研基地，增强了国防工业力量。工业成为国民经济的支撑性产业，中国由落后的农业国一跃成为世界上第六大工业国。到 1978 年，全国工业企业达到 35 万家，全民所有制工业企业的固定资产达到 3200 亿元，相当于旧中国近百年积累起来的工业固定资产的 25 倍。钢铁、电力、石油、煤炭、化工、机械、轻纺等工业部门大大加强，许多新的工业部门从无到有、从小到大地发展起来。内地和少数民族地区从无到有地建起一大批新工业基地。交通运输和邮电事业也都有了新的发展，改变了许多地方闭塞落后的局面。与此同时，水利设施、化肥农药、农村用电、农业机械等大大增加，农业生产条件有了显著改善，耕作制度和耕作方法有了不少改进。全国粮食产量 1978 年比 1949 年增长 1.7 倍，棉花产量增长 3.9 倍。随着生产的增长，中国的国内贸易和对外贸易不断扩大。

1979 年 9 月 29 日，在庆祝中华人民共和国成立 30 周年大会上，中

[①] 本节内容的有关数据，参见中央党史研究室：《中国共产党的九十年》，北京：中共党史出版社，2016 年，第 638—639 页。

1956 年 7 月 13 日，第一批国产"解放"牌汽车在长春第一汽车制造厂试制成功，结束了中国不能制造汽车的历史。

国领导人自豪地宣布："我们在旧中国遗留下来的'一穷二白'的基础上，建立了独立的比较完整的工业体系和国民经济体系。"①

二、满足人民基本生活需要，改善人民生活水平

满足人民基本生活需要、改善人民生活水平是社会主义优越性的重

---

① 中国中共党史学会：《中国共产党历史系列辞典》，北京：中共党史出版社、党建读物出版社，2019 年。

1973 年，中国科学家袁隆平（左）培育成功强优势杂交水稻。杂交水稻的成功培育和推广，为中国粮食增产作出了巨大贡献。

要体现，也是中国发展经济的根本目的。随着新中国成立后经济不断发展，人民群众的物质和文化生活水平有了显著提升。全国总人口从 1949 年的 5.4 亿增长到 1976 年的 9.4 亿。同期粮食人均占有量从 418 斤增加到 615 斤。全国居民人均消费水平稳步提高，农村居民从 1952 年的 65 元增加到 1976 年的 131 元；城镇居民同期从 154 元增加到 365 元。[①] 在此期间，中国靠自己的努力，初步满足了世界近四分之一人口的生活需求，为人民生活质量的改善提供了坚实的物质保障。

---

① 中央党史研究室：《中国共产党的九十年》，北京：中共党史出版社，2016 年，第 638 页。

三、探索符合中国国情的社会主义道路

在此时期，中国的各方面建设进入发展时期，在经济建设、民主政治建设、文化建设以及国防军队建设等方面，都积累了一系列经验。事实表明，一个国家的人民取得革命的胜利，固然离不开一定的国际条件和各国人民的支援，但在根本上必须依靠自己的力量，而不能依赖别的国家或者什么国际指导中心发号施令。适合本国特点的革命道路只能由本国人民自己来寻找、创造和决定，任何人都无权把自己的意见强加于人。①

新中国成立之初，毛泽东就曾经指出，中国的社会主义建设是中国实际与马克思主义的第二次结合。1964 年 12 月第三届全国人民代表大会第一次会议上，周恩来在政府工作报告中正式提出在 20 世纪内把中国建设成为一个具有现代农业、现代工业、现代国防和现代科学技术的社会主义强国的四个现代化奋斗目标和实现这一目标的"两步走"设想：第一步，用 15 年时间，建立一个独立的、比较完整的工业体系和国民经济体系，使中国工业大体接近世界先进水平；第二步，力争在 20 世纪末，使中国工业走在世界前列，全面实现农业、工业、国防和科学技术的现代化。

在社会主义经济建设方面，中国确立了以农业为基础、以工业为主导的方针，正确处理重工业、轻工业和农业的关系；在优先发展重工业的条件下，坚持工业和农业并举、重工业和轻工业并举、中央工业和地方工业并举、大中小企业并举等"两条腿"走路的方针。在社会主义民

---

① 叶剑英：《在庆祝中华人民共和国成立三十周年大会上的讲话》，引自中共中央文献研究室：《三中全会以来重要文献选编》，北京：人民出版社，1982 年。

主政治建设方面，将正确处理人民内部矛盾作为国家政治生活的主题，坚持人民民主，尽可能团结一切可以团结的力量；处理好中国共产党同各民主党派的关系，坚持"长期共存、互相监督"的方针，巩固和扩大爱国统一战线；切实保障人民当家作主的各项权利，保护劳动人民利益。在社会主义文化建设方面，坚持马克思主义的指导地位，实行"百花齐放、百家争鸣"的方针，对古今中外的优秀文化实行"古为今用、洋为中用、百花齐放、推陈出新"的方针；提出要向科学进军，不能走世界各国发展科学技术的老路，而应独立自主、自力更生、奋发图强，努力赶超世界先进水平。在国防建设和军队建设方面，提出加强国防、建设现代化正规化国防军和发展现代化国防技术的重要指导思想，提出国防建设要服从国家经济建设大局的方针，制定了积极防御战略思想，积累了军事斗争同政治斗争、外交斗争相结合的独创性经验。[①]

在这一时期，以毛泽东为代表的中国共产党人，对建设什么样的社会主义、怎样建设社会主义进行了艰辛探索，积累了在中国这样一个社会生产力水平十分落后的东方大国进行社会主义建设的重要经验，为继续进行探索并系统形成中国特色社会主义理论体系提供了重要的基础。

四、开创并保持了相对和平的国际发展环境

为了维护得之不易的民族独立和自主发展机会，新中国从成立之日起，就把维护国家主权、维护世界和平作为开展外交工作的主要目标，努力为国内和平建设创造良好的外部环境。

在既定的国际战略思想和外交方针指引下，中国逐步冲破了西方国

---

① 参见中央党史研究室：《中国共产党的九十年》，北京：中共党史出版社，2016年，第640—641页。

1971年10月，第26届联大恢复中华人民共和国在联合国的合法席位，中国代表团成员开怀大笑。

家的孤立、遏制、包围和威胁，有效地维护了民族独立、国家主权和安全。1971年10月，中国恢复了在联合国的合法席位，次年实现了中美关系和中日关系正常化。截至1976年，已经有113个国家与中国建立了外交关系。中国逐渐摆脱西方禁运，逐步加入国际经济体系之中，这些都为后来中国逐步实行改革开放创造了有利的条件。

第二节
改革开放以来中国发展成就
（1978 年至今）

马克思和恩格斯在《共产党宣言》中写道："资产阶级在它的不到一百年的阶级统治中所创造的生产力，比过去一切世代创造的生产力还要多，还要大。"现在也有学者以相似的笔调称，"中国用 30 多年的时间完成了许多其他国家需要一个世纪甚至更久才实现的发展目标"。这样说是大体合乎实际的。整体来看，尽管中国与美国还存在非常大的差距，但从器物、货币、制度、观念四个层面综合衡量，改革开放以来的中国的确正大步走在复兴的道路上。[①]

对于中国改革开放的认识，应该区别"处方"和"疗效"。并没有证据说明中国的改革照搬了哪些理论教条，但中国的改革确实取得了举世瞩目的成效。中国的改革理念和实践目标是确定的，但具体达到目标的手段和方式却呈现出多样性和多变性。

从某种教条出发，在评估中国改革、开放、发展成效时，西方经济学

[①] 本节内容参见张宇燕、冯维江：《中国的和平发展道路》，北京：中国社会科学出版社，2017 年，第 26—37 页，数据及有关内容有调整及更新。

家习惯于用一个固定的、先验的参照系来进行比较，但事实是，中国改革并非主动遵循和追求某个固定的模式，而是坚定地从中国国情出发走自己的路，这其中体现了中国改革哲学的不同。即，中国改革的出发点并非要完成某种既定的目标模式，而是以提高人民生活水平和增强国力为最终目的，并据此来确定改革的时间表、路线图，进而逐步明确阶段性目标模式。

对比国家统计局 1978 年和 2019 年两份统计公报，便能感受到改革开放带给中国社会经济发展的巨变：中国 GDP 从 1978 年的 0.3645 万亿元增长到 2019 年的 99.85 万亿元；人均国内生产总值从 1978 年的 385 元增长到 2019 年的 70892 元，年均增长约 13.5%，已经达到中等偏上收入国家水平；城镇居民人均可支配收入和农村居民人均可支配收入分别从 1978 年的 343.4 元、133.6 元提高到 2019 年的 42358 元、16021 元；农村贫困发生率（2010 标准）从 1978 年的 97.5% 大幅下降到 2019 年的 0.6%，远低于世界平均水平；居民受教育程度不断提高，九年义务教育全面普及，高等教育毛入学率 2019 年达到 51.6%，高出世界平均水平 10 多个百分点；城乡居民健康状况显著改善，居民平均预期寿命 2019 年达到 77.3 岁，高于世界平均水平。

以"复兴"二字来表述中国的状态可谓恰如其分。中国经济的世界地位正在重返过去两千年中的常态。缺乏历史眼光的人们或许会对此感到震惊，他们忘记了从公元元年到 1840 年鸦片战争前夕，中国国内生产总值占世界的比重大都保持在 20% 以上。从改革开放之初到 2019 年，这个比重不过从 2.3% 恢复到 17.4% 而已。其他在当今世界拥有巨大影响力的经济体，在漫长的 20 个世纪中的大部分时期里，其经济规模都难以与中国相比，只是在最近两百年间才猛然发力，一飞冲天。

上述指标也有其局限性。比如，GDP 长期数据是通过购买力平价等方式估算出来的，但实际上，前工业化阶段的 GDP 对应的主要是粮食、布匹等生活资料，工业化阶段的 GDP 对应的更多是钢铁、水泥等生产资料，即便处于前工业化阶段国家的 GDP 折算价高于工业化阶段国家，也不能认为前者的力量一定强过后者。从我们使用的麦迪森历史经济数据来看，直到 19 世纪初，中国的 GDP 占世界 GDP 比重仍比西方国家中最高的美国更高，但不能就此认为当时中国的实力超过了所有西方国家。尽管如此，我们可以指出，当大家都处于前工业化阶段时，中国在世界经济发展中居于很高的位置；后来世界进入了工业化、信息化的新阶段，中国在时代变迁中一度落后；现在中国正高速赶上，争取回到漫长历史中曾具有的相对较高的发展位次，实现民族的复兴。

中国崛起除了速度较快之外，还具有更加全面的特征。例如与苏联相比，中国的崛起更强调经济与民生；与日本相比，中国的崛起具备更大的安全自主性。实际上，从器物、货币、制度、观念等不同的层面来衡量，中国都已经取得了引人注目的成就。

一、器物力量不断增强

器物层面，除了前面提及的经济规模之外，还可以从出口与对外直接投资构成等反映经济结构的指标，以及科技力量及军事力量等指标更全面地衡量中国取得的成就。

出口及对外投资的结构均反映出中国经济结构升级的演变过程。自 1995 年以来，中国出口额中工业制品占比持续上升（由 1995 年的 85.56% 上升至 2019 年的 94.62%），初级产品占比不断下降（由 1995 年的 14.44% 下降至 2019 年的 5.36%）。包括生物技术、生命科学技术、光电技术、计算机与通信技术、电子技术、计算机集成制造技术、材料技术、航空航天技术及其他技术在内的高新技术产品出口额占总出口额的比重，也由 2000 年的 14.9% 上升至 2019 年的 29.2% 左右。

与出口相比，对外直接投资是国内生产能力溢出的更高层次的表现。从中国对外直接投资的领域来看，初级行业如采矿业的投资及制造业的投资占比较高，两者均反映了中国制造能力的优势，前者主要是为中国制造业体系寻求资源能源的稳定供应，后者直接体现了中国制造业效率的外溢。从近年演变的趋势看，这两个领域的投资在全部对外直接投资中的占比有所下降，其中采矿业投资净额占比由 2003 年的 48.3% 下降至 2019 年的 3.7%，同期制造业投资净额占比由 21.9% 下降至 14.7%；文化行业（文体娱乐业为代表）和高技术行业（信息、计算机及软件业为代表）领域的投资占比在上升，前者由 0.04% 上升至 3.8%，后者由 0.31% 上升至 4.0%。[①] 这一投资结构的变化，反映了中国软硬实力的提升。预计未来一段时间，中国在文化与高技术领域的对外直接投资占比还将提升。

中国正在科技创新方面努力追赶。这突出地表现为中国把高科技能力很好地嵌入到了自身具有优势的出口能力中。根据世界银行统计口径，高科技出口是指具有高研发强度的产品出口，例如航空航天、计算机、医药、科学仪器、电气机械。世界银行口径的数据可以印证前文所述中国高新技术出口统计口径显示的情况。根据世界银行口径，2019 年中国高科技出口价值高达 7158 亿美元，居世界第一，分别为第二名德国和第三名美国的 3.4 倍和 4.6 倍。要知道，在 2005 年，同口径中国高科技出口价值只有德国和美国的 1.5 倍和 1.1 倍，2000 年则只有德国的 48% 和美国的 2%。[②] 这样的增长态势维持下去，中国的高科技及其产业化能力

---

① 中国国家统计局，https://data.stats.gov.cn/easyquery.htm?cn=C01&zb=A060G01&sj=2019，登录日期：2021 年 1 月 9 日。

② 世界银行数据，相关数据及统计口径的说明参见 https://data worldbank.org.cn/indicator/TX.VAL. TECH.CD?end=2019&order=wbapi_data_value_2016+wbapi_data_value+wbapi_data_value-last&sort=desc%E3%80%82&start=2007&view=map&year=2019&year_high_desc=tru，登录日期：2021 年 1 月 9 日。

中国出口商品结构实现了由初级产品向工业制成品为主的历史性转变，高新技术产品和大型成套设备占出口的比重不断提高。图为中国设计建造出口的第一座核电站——巴基斯坦恰希玛核电站。

将有重大提升。专利申请数也可从另一个侧面反映中国科技方面的迅速发展和较高水平。世界银行数据显示，2018 年中国居民专利申请数高达1393815 项，是世界第二名美国的 4.9 倍，占世界全部居民专利申请数的60.7%。而 2003 年，中国居民专利申请数只有 56769 项，是当时数量最多的日本的 15.8%，是第二多的美国的 30.0%，占全世界居民申请数的比例为 6.6%。[①] 当然，用专利或知识产权的有效性指标衡量，中国与世界前列国家仍然存在非常大的差距。2019 年中国从国外获得的知识产权使用费只有 66 亿美元，居世界第十二位，仅为居世界第一者美国的 5.62%。[②]

从军事上看，中国军事力量建设近年发展迅速。从国防支出的变化情况来看，国家在国防上的投入大幅提升，并且还具备进一步加强国防的潜力。国家统计局数据显示，2019 年，中国国家财政国防支出

---

① 世界银行数据，https://data.worldbank.org.cn/indicator/IP.PAT.RESD?end=2018&most_recent_value_desc=true&start=1980&year_high_desc=true，登录日期：2021 年 1 月 9 日。

② 世界银行数据，https://data.worldbank.org.cn/indicator/BX.GSR.ROYL.CD?year_high_desc=true，登录日期：2021 年 1 月 9 日。

12122.10 亿元，占国家财政支出比重为 5.1%，与当年国内生产总值之比为 1.22%。2007 年，国家财政国防支出仅为 3554.91 亿元，只相当于 2019 年支出规模的约三分之一。当时，国防支出占国家财政支出比重为 7.14%，与当年国内生产总值之比为 1.33%，均高于 2019 年。[1] 在国防开支显著增加的同时，占财政支出比例还出现了下降，这意味着，只要有需要，中国有足够的财力空间更大力度充实国防。国防投入增加使中国军队的装备水平和作战能力有了一定的提高。随着航空母舰、第四代战斗机等一批高精尖军事装备投入使用并形成战斗力，中国维护国家主权、安全、发展利益的能力进一步增强。2016 年兰德公司发布的报告《对华战争：全面考虑不可想象的事情》指出，"如果（中美之间）爆发战争，两国都有充足的力量、技术、工业实力和人员在广阔的陆地、海上、空中、太空和网络交战"，"美国和中国摧毁对方力量的能力变得比较平等，双方都不能确信能以可接受的代价获胜"，"中美战争会造成很大危害以至于两国应该高度重视避免一场战争"。[2]

二、货币影响持续扩大

从货币影响力来看，随着国际化进程的加速，人民币正在获得越来越大的影响力。2008 年以来，中国人民银行已与全球超过 38 个国家、地区央行及货币当局签署了双边货币互换协议。截至 2019 年 5 月，经补

---

[1] 中国国家统计局数据，https://data.stats.gov.cn/easyquery.htm?cn=C01&zb=A080501&sj=2019。

[2] Gompert, D. C., Cevallos, A. S., Garafola, C. L. (2016). *War with China: Thinking Through the Unthinkable.* Santa Monica, Calif. : RAND Corporation.

充或续约生效的总规模已经达到 3.67 万亿元人民币。[①]从某种意义上说，这些协议构成了支持人民币国际化的信任网络。中国人民银行近年签署的双边货币互换协议的伙伴与亚洲基础设施投资银行（AIIB）意向创始成员国的高度重合，也反映了人民币在丝绸之路经济带和 21 世纪海上丝绸之路（简称"一带一路"）沿线扩大影响的潜力。中国首倡的"一带一路"倡议，资金融通与货币合作是其中重要内容。亚洲基础设施投资银行是推进"一带一路"资金融通与货币合作的主要载体。更多地使用区域内货币，降低对外部货币（如美元）的高度依赖，是区域货币合作创新的应有之义，而人民币的区域化和国际化也将借此得到进一步的发展。从直接或实际影响来看，人民币的国际影响力增加还体现在以其为"汇率锚"的货币增加，以及人民币在全球贸易融资和支付结算中份额的增加等方面。人民币自 2010 年 6 月恢复浮动以来，其他钉住人民币的货币种类有所增加，而同期钉住欧元和美元的货币种类却有所减少。东亚已经形成了事实上的人民币区，10 个东亚经济体中已经有 7 个经济体的货币与人民币的关联度超过了其与美元的关联度。[②]2013 年 10 月，人民币在全球贸易融资（信用证及托收款项）的市场份额达到 8.66%，虽然与美元的 81.08% 相比还远远不及，但首次超越欧元成为全球第二大贸易融资货币。[③]截至 2018 年 6 月，人民币成为全球第五大常用支付货币，占全球总量的 1.81%。

---

① 刘琪：《央行与新加坡金管局续签双边本币互换协议》，新华网 2019 年 5 月 4 日，http://www.xinhuanet.com/money/2019-05/14/c_1124490199.htm。

② Subramanian, A., & Kessler, M. (2012, October 21). China's Currency Rises in the US Backyard. *Financial Times*. Retrieved from https://www.ft.com/content/5a34c410-19d6-11e2-a379-00144feabdc0.

③ SWIFT：《人民币超越欧元晋身第二大常用贸易金融货币》，《SWIFT 人民币追踪》2013 年第 11 期，https://www.swift.com/our-solutions/compliance-and-shared-services/business-intelligence/renminbi/rmb-tracker/document-centre。

亚洲基础设施投资银行是首个由中国倡议设立的多边金融机构，截至目前已有 103 个成员国。图为位于北京的亚投行总部。

2015 年底，国际货币基金组织（IMF）批准人民币加入特别提款权（SDR）篮子。此后，中国不断推出相关改革举措。2016 年 2 月，中国政府向外国投资者开放银行间债券市场。8 月，中国政府宣布推出深港通机制，扩大了境外投资者投资内地上市企业的范围，也扩大了内地投资者投资香港上市公司的范围。8 月底，根据中国人民银行的提议，世界银行在中国银行间债券市场发行 5 亿 SDR 计价债券（"木兰债"，Mulan Bond），成为首个在中国发行 SDR 债券的机构。[1] 有评论指出，

---

[1] 世界银行副行长奥特（Arunma Teh）称，以中国古代传奇女性花木兰命名这种债券，寄寓了世界银行对促进性别平等可持续发展目标的期待。参见朱易康、周艾琳：《专访世行副行长奥特：将续发 SDR 债券　G20 应鼓励全球化》，《第一财经》2016 年 9 月 2 日，http://www.yicai.com/news/5084820.html。

世界银行发行的"木兰债",既带有浓烈的国际色彩,又饱含中国元素,象征着人民币国际化进程的新里程碑。2016 年 10 月 1 日,包含人民币的 SDR 篮子正式生效,这为人民币全球影响力的发挥奠定了更坚实的制度基础。

三、国际制度建设能力提升

从国际制度建设层面看,中国在国际组织中的话语权有所扩大,参与创设国际机制的能力也在提高。一方面,中国在现有全球治理体系中的活跃程度和影响力都有增加的趋势。当前的国际经济规则多由发达国家主导的国际组织制定,主要包括国际货币基金组织(IMF)、世界银行(WB)和世界贸易组织(WTO)制定的各项规则,以及其他一些经济、金融、贸易、投资以及劳工、能源、技术标准、环境等方面的规则,它们共同构成国际经济与相关规则框架。中国为主动参与国际经济合作,维护自身及发展中国家的利益,已经加入 IMF、世界银行和 WTO 等主要国际经济组织,并通过努力积极参与制定和修改相关的经济规则。

在 IMF 中,中国不失时机开展工作,促进其相关规则更好地反映发展中国家的利益。例如,在汇率监督方面,中国推动 IMF 改革,强化了对发达国家的汇率监督。美国次贷危机引发国际金融危机之前,IMF 依据章程第四条和 2007 年《对成员国政策双边监督的决定》(以下简称《2007 年决定》)对成员国进行汇率监督。由于发达国家大多实行浮动汇率制,所以实际上汇率监督的重点是新兴市场国家,这种"非中性""不对称"的监督对新兴市场国家并不公平。国际金融危机在发达国家发生之后,中国适时推动各方反思 IMF 监督不力、预警不及时的教训,促成 IMF 于 2010 年 6 月对《2007 年决定》的操作指引进行了修订,取消

2016年1月27日，国际货币基金组织宣布，IMF2010年份额和治理方案已正式生效。根据方案，约6%的份额将向有活力的新兴市场国家转移，中国、巴西、印度和俄罗斯4个新兴经济体将进入IMF股东行列前十名。

了给会员国贴标签的做法。2011年10月，在中国的推动下，IMF执行董事会决定对监督的法律框架进行调整，重新出台了整合多边和双边监督、更广泛地覆盖全球稳定的新的监督决定。中国还连同其他发展中国家推动了IMF份额改革。在中国等发展中国家的努力下，2010年12月，IMF理事会最终通过了关于份额改革的决议，决定将总份额增加一倍，并将超过6%的份额转移到有活力的新兴市场和发展中国家。中国的份额权重也从3.994%上升至6.390%，排名从第六位上升至第三位，位于美国、日本之后。

在中国等成员的推动下，2010年4月，世界银行AMF发展委员会部长级会议通过了发达国家向发展中国家转移投票权3.13个百分点的改革方案。中国在世行投票权上升 1.65 个百分点，达到 4.42%，排位从第六位上升至第三位，紧随美国、日本之后。又如，促进全球减贫与发展是世界银行工作的重点，为此世界银行出台了一系列的规则，包括优惠资金分配政策，低收入国家减债政策和债务可持续性标准，项目安全保障政策，项目管理政策，反腐败政策，会计、审计、银行业规则，信息披露政策等，这些规则最终指向帮助发展中国家削减贫困。中国是全球削减贫困最成功的国家之一，中国积极配合世界银行，将中国的减贫经验制度化、标准化，为世界银行的全球减贫安排提供智力与规则支持。2012 年 11 月，世界银行与中国财政部签署协议，成立"世界银行—中国发展实践知识中心"，时任世界银行行长金墉表示，"知识中心"的主要任务是由中外专家共同研究总结中国发展经验、吸收学习国际发展经验，并与世界银行合作在国际上开展共享交流。

中国参与 WTO 规则制定和修改的能力也有所提升。虽然当前 WTO 谈判仍陷于停滞，但中国自加入 WTO 起就全面参加谈判，为多哈回合作出了自己的贡献。2005 年中国承办了 WTO 小型部长会议，作为东道主，中国发挥桥梁作用，尽力弥合成员之间的分歧。2008 年 7 月，中国首次成为多哈谈判的七个核心成员之一，这标志着中国已经进入制定多边贸易规则的核心决策圈，提高了在多边贸易体制中的地位和在国际贸易规则制定中的话语权。此外，中国还在贸易救济措施、非优惠原产地规则协定、信息技术产品协定、与贸易有关的知识产权协定、农业协定国内支持问题等谈判中发挥了积极的作用。

除了在既有规则和治理体系之中发挥越来越大的作用之外，中国还积极参与创设新的国际合作机制。中国作为主要参与者的清迈倡议及其多边化机制，作为主要创设者和推动者的金砖国家合作机制，都取得了显著的进展。中国单独发起的"一带一路"倡议及倡建的亚洲基础设施投资银行等，也获得了国际社会的广泛支持。

亚洲金融危机之后，出于对地区救助机制缺失和域外救助机构低效问题的反思，东盟国家和中日韩三国开始寻求加强区域合作、共同抵御风险的机制，最终达成了清迈倡议并实现了多边化升级。中国在其建章立制的过程中发挥了积极作用，中国倡导的东盟与中日韩财金合作机制，为清迈倡议的出台和后来的多边化准备了条件。1998 年 2 月第二次东盟与中日韩领导人会议上，中方首先提出召开东盟加中日韩财政及央行副手级会议，以加强东亚国家之间的对话和政策协调，促进彼此之间的交流与合作。2010 年 3 月 24 日，10+3 财长和央行行长以及中国香港金融管理局总裁共同宣布《清迈倡议多边化协议》正式生效。中国与日本成为东亚共同外汇储备库并列的最大出资方。2014 年 7 月，《清迈倡议多边化协议》修订稿正式生效，将清迈倡议多边化资金规模从 1200 亿美元翻倍至 2400 亿美元，并将与 IMF 贷款规划的脱钩比例从 20% 提高到 30%。

中国在金砖国家合作机制的建立、拓展和深化过程中发挥了积极作用。2010 年 12 月，中国作为金砖国家合作机制轮值主席国，与俄罗斯、印度、巴西一致商定，吸收南非作为正式成员加入金砖国家合作机制。2011 年在中国三亚举行的第三次金砖国家领导人峰会首次宣布推行本币贸易结算，并正式签署《金砖国家银行合作机制金融合作框架协议》，货币金融合作成为提升金砖合作机制化水平的重要突破口。2013 年第五次峰会决定成立金砖国家开发银行，并筹备成立金砖国家外汇储备库。2014 年第六次峰会宣布金砖国家新开发银行初始资本为 1000 亿美元，由 5 个创始成员平均出资，总部设在中国上海。同时，中国人民银行行长周小川代表中国政府与其他金砖国家代表签署了《关于建立金砖国家应急储备安排的条约》，这是新兴市场经济体为应对共同的全球挑战、突破地域限制创建集体金融安全网的重大尝试。2015 年第七次峰会在俄罗斯乌法举行，习近平主席发表了题为《共建伙伴关系 共创美好未来》的主旨演讲，从"牢记历史，维护和平""共享利益，共同发展""包容多元，文明互鉴""革新规则，推进治理"四个方面提出了加强金砖伙伴关系的战略蓝图。2016 年第八次峰会在印度果阿举行，时逢金砖国家合作十周年，'十年磨一剑。'金砖国家 10 年耕耘，10 年收获。金砖国家一步一个脚印，合作不断走深走实，发展为具有重要影响的国际机制，取得了丰硕成果"①。2017 年，第九次峰会在中国厦门举行，主题是"深化金砖伙伴关系，开辟更加光明未来"。金砖国家经贸部长会议达成了包括《金砖国家投资便利化合作纲要》在内的 8 项成果，首次将经济技术合作纳入金砖经贸合作议程，进一步将金砖国家合作推向务实深入。2018 年在南非约翰内斯堡召开的第十次峰会，落实了"金砖 +"理念，从共同深化互利伙伴关系、挖掘发展新动能、营造有利外部环境和共同构建新型国际关系四个方面探索并拓展金砖国家合作，约 21 位发展中国家领导人受邀参加了此次对话会议。"金砖 +"体现了金砖合作的包容性，各受邀国均支持将对话会机制化，建设广泛的发展伙伴关系，推进南南合作。

在中国的大力支持和推动下，十多年来金砖国家合作的内容更加全面与多维度，合作的深度和机制化水平也有显著提升。一方面，金砖机制自身的强度有所提升：应急储备安排投入运行，增强了集体金融安全网，金砖新开发银行顺利开张，批准了首批贷款为金砖国家可再生能源项目提供支持，还发行了首批人民币绿色债券。另一方面，金砖机制作为整体，不仅早已共同发声对世界趋势、国际局势和主要区域问题提出

---

① 习近平：《坚定信心共谋发展——在金砖国家领导人第八次晤大范围会议上的讲话》，新华网 2016 年 10 月 16 日，http://www.xinhuanet.com/world/2016-10/16/c_1119727543.htm。

2015 年 7 月 21 日，金砖国家新开发银行落户上海正式开业。

自己的看法，并且有逐渐开始以单一实体身份与其他机制开展合作的迹象，还开始初步形成富有自身特色的新型全球经济治理观。

"一带一路"合作倡议的出台及亚投行的成立，推动了国际经济规则演进的新进展。从合作范围来看，"一带一路"大大超过了东亚合作和金砖合作的范围。从合作的领域看，"一带一路"涉及政策协调、贸易、货币金融、基础设施、人文交往等更加广泛的内容。2015 年 3 月，中国发布了《推动共建丝绸之路经济带和 21 世纪海上丝绸之路的愿景与行动》，以类似白皮书的形式向世界发出共建"一带一路"的倡议，得到国际社会积极回应。中国还发起设立亚洲基础设施投资银行，为"一带一路"基础设施互联互通等融资。2015 年 12 月，亚洲基础设施投资银行正式成立。与东亚及金砖货币金融合作相比，亚投行机制所反映的治理理念与规则，更加鲜明地说明了新兴机制有别于传统机构的价值观。

任何一个机构的规则或原则，都会以一定的价值观为基础。例如 IMF 和世界银行以"华盛顿共识"为基础，强调透明度、市场化与金融深化等要求，为此设立了一整套"先验的"或罔顾资金接受国现实情况的措施作为贷款条件，在实践中往往表现为官僚主义和烦琐程序。而亚投行的核心价值观则是"精干、廉洁、绿色"，更强调精简程序保持效率。在 2016 年 9 月 3 日举行的二十国集团工商峰会开幕式上，习近平主席就提出"一带一路"等新倡议新机制的动机作出了说明，他指出："中国倡导的新机制新倡议，不是为了另起炉灶，更不是为了针对谁，而是对现有国际机制的有益补充和完善，目标是实现合作共赢、共同发展。"①这一阐述明确宣示：中国对国际规则和机制的修改，不以颠覆或创造平行体系为目的，而是以补充和完善为边界。

"一带一路"倡议提出后，其国际影响力不断提升。2017 年新年伊始，应联合国新任秘书长古特雷斯邀请，中国国家主席习近平于 1 月 18 日造访联合国日内瓦总部，发表题为《共同构建人类命运共同体》的主旨演讲，系统阐发了全球发展的"中国方案"，即"构建人类命运共同体，实现共赢共享"。3 月 17 日，联合国安理会以 15 票赞成一致通过关于阿富汗问题第 2344 号决议。该决议呼吁国际社会凝聚援助阿富汗共识，通过"一带一路"建设等加强区域经济合作，敦促各方为"一带一路"建设提供安全保障环境、加强发展政策战略对接、推进互联互通务实合作。这也是"一带一路"倡议首次写入联合国决议。5 月 14—15 日，第一届"一带一路"国际合作高峰论坛在北京举办。此次论坛是新中国成立以来由中国首倡、中国主办的层级最高、规模最大的多边外交活动，标志着"一

---

① 习近平：《中国发展新起点 全球增长新蓝图——在二十国集团工商峰会开幕式上的主旨演讲》，中国共产党新闻网 2016 年 9 月 3 日，http://epe.people.com.cnnl/2016/0905/c64094-28690521.html。

2019年4月27日，第二届"一带一路"国际合作高峰论坛圆桌峰会在北京雁栖湖国际会议中心举行。

带一路"建设框架下最高规格的官方国际对话机制建立。峰会形成了76大项、270多项具体成果。

2019年4月25—27日，第二届"一带一路"国际合作高峰论坛在北京成功举行。论坛的主题是"共建'一带一路'，开创美好未来"。中国国家主席习近平在论坛开幕式上发表题为《齐心开创共建"一带一路"美好未来》的主旨演讲。38个国家的元首和政府首脑等领导人以及联合国秘书长和国际货币基金组织总裁出席圆桌峰会；来自150个国家、92个国际组织的6000余名嘉宾参加了论坛。中方发布了《共建"一带一路"倡议：进展、贡献与展望》，对5年多来共建"一带一路"走过的历程作出全方位回顾，提出下一步高质量发展的意见和建议。中方同各方一道形成并发布了《"一带一路"债务可持续性分析框架》，为融资合作防控风险、确保"一带一路"合作可持续发展提供了有益工具。由国际知名人士组成的高峰论坛咨询委员会向高峰论坛提交了政策建议报告，分析研究"一带一路"合作对改善互联互通、促进世界经济增长以及落实 2030 年可持续发展议程的积极作用，并就未来"一带一路"合作重点和高峰论坛发展方向提出政策建议。有关各方还共同发起了《廉洁丝绸之路北京倡议》《"创新之路"合作倡议》，发布了《绿色投资指导原则》。这些成果体现了时代发展进步的潮流，体现了"一带一路"合作共赢的特色。①

截至 2021 年底，中国已经与 145 个国家、32 个国际组织签署 200 多份共建"一带一路"合作文件。2021 年，中国与"一带一路"沿线国家贸易进出口总额 11.6 万亿元，同比增长 23.6%，较同期中国外贸整体增速高出 2.2 个百分点。对沿线国家直接投资 1384.5 亿元，同比增长 7.9%，占中国对外投资总额的比重达 14.8%；"一带一路"沿线国家企业对中国直接投资首次超百亿美元，达到 112.5 亿美元，折合人民币 742.8 亿元。中欧班列逆势增长，截至 2021 年 12 月，中欧班列连续 20 个月单月开行千列以上，2021 年全年共开行 15183 列，运送 146.4 万标箱，运输网络持续拓展，通达欧洲 23 个国家的 170 多个城市。2020 年新冠肺炎疫情暴发以来，中欧班列成为中欧之间抗疫合作的"生命通道"，为维护国际供应链产业链稳定提供了重要支撑。与此同时，多个共建"一带一路"合作重大项目取得新进展：中老铁路顺利通车，中巴经济走廊默拉输电项目正式送电，中国移动参与建设的 2Africa 海缆项目加速推进……

2021 年 11 月，第四届中国国际进口博览会成功在上海举办。中国国际进口博览会是全球首个以进口为主题的博览会。举办进博会，是中

---

① 《新起点 新愿景 新征程——王毅谈第二届"一带一路"国际合作高峰论坛成果》，新华网 2019 年 4 月 29 日，http://www.xinhuanet.com/world/2019-04/29/c_1124429961.htm。

国主动向世界开放市场的重大举措。进博会自 2018 年举办首届以来，前四届累计意向成交额超过 2700 亿美元，集国际采购、投资促进、人文交流、开放合作四大平台为一体，成为全球共享的国际公共产品。

四、中国理念渐入人心

中国在器物、货币、制度等领域的成就，也引起了其他国家和地区对其背后的发展理念或观念一探究竟的兴趣。中国国家领导人阐述的中国关于世界、关于发展、关于和平的看法，得到更多关注与接受。

和谐世界就是一个基于中国文化传统的系统观、整体观而提出的关于全球政治伦理、法律与国际关系建设的重要理念。2005 年 4 月，时任中国国家主席胡锦涛在参加雅加达亚非峰会讲话中提出了和谐世界的理念。此后，和谐世界被写入《中俄关于 21 世纪国际秩序的联合声明》，作为国与国之间的共识进入国际社会视野。2005 年 9 月，胡锦涛在联合国总部发表演讲，全面阐述了和谐世界的内涵。2006 年 8 月，胡锦涛在中央外事工作会议上指出，推动建设和谐世界，是中国坚持走和平发展道路的必然要求，也是实现和平发展的重要条件。2014 年 4 月 15 日，习近平在中央国家安全委员会第一次会议上也提出"对外求和平、求合作、求共赢、建设和谐世界"[①]。和谐世界成为中国对外部环境的总体期许。

如果说"和谐世界"更多带有愿景和未来的色彩，那么"命运共同体"的提出，则将世界各国广泛合作、共赢发展的现实性和紧迫性彰显了出来。2011 年中国国务院新闻办公室发布的《中国的和平发展》白皮书指出，"不同制度、不同类型、不同发展阶段的国家相互依存、利益交融，

---

① 习近平：《习近平谈治国理政》，北京：外文出版社，2014 年，第 201 页。

2018 年 6 月 13 日，中国常驻联合国代表团同联合国经社事务部、联合国开发计划署和世界卫生组织驻联合国办事处在纽约联合国总部共同举办"'一带一路'倡议和 2030 年可持续发展议程"高级别研讨会。

形成'你中有我、我中有你'的命运共同体"，提出"要以命运共同体的新视角，以同舟共济、合作共赢的新理念，寻求多元文明交流互鉴的新局面，寻求人类共同利益和共同价值的新内涵，寻求各国合作应对多样化挑战和实现包容性发展的新道路"。[①]中共十八大报告进一步强调，人类只有一个地球，各国共处一个世界，要倡导人类命运共同体意识。习近平总书记先后在多个场合就命运共同体作出阐述。如果说中共十八大报告等关于命运共同体的阐述，还主要强调的是人类在空间意义上的共同性，2013 年 3 月 23 日习近平主席在俄罗斯莫斯科关系学院的演讲，

---

① 国务院新闻办公室：《中国的和平发展》，中国政府网 2011 年 9 月 6 日，http://politics.people.com.cn/GB/1026/15598619.html。

则把这种共同性延伸向时空的更饱满的维度，他指出，"这个世界，各国相互联系、相互依存的程度空前加深，人类生活在同一个地球村里，生活在历史和现实交汇的同一个时空里，越来越成为你中有我、我中有你的命运共同体"①。这种对"同时性"或时间维度的强调，是对当前的人类共处一个伟大的时代，有机会去完成时代赋予人类的共同使命的呼吁与期待。2017 年 1 月 18 日，习近平主席在日内瓦万国宫出席"共商共筑人类命运共同体"高级别会议，发表题为《共同构建人类命运共同体》的主旨演讲，深刻、全面、系统阐述人类命运共同体理念，主张共同推进构建人类命运共同体伟大进程，坚持对话协商、共建共享、合作共赢、交流互鉴、绿色低碳，建设一个持久和平、普遍安全、共同繁荣、开放包容、清洁美丽的世界。

  无论是和谐世界还是命运共同体，都与中国固有文化传统与历史思想资源中的"天下大同"等概念有密切的联系。从中国历史思想文化中凝结出来的和平发展、共同繁荣等理念，正得到国际社会越来越多的理解与认同。

---

① 习近平：《习近平谈治国理政》，北京：外文出版社，2014 年，第 272 页。

第三节
改革开放以来中国发展理念的演变

改革开放以来，中国共产党的历届领导人根据中国的发展实际，提出了符合时代发展特征的不同发展理念。

1992 年，在国际国内政治风波严峻考验的重大历史关头，邓小平顺应时代要求和人民需要，以巨大政治智慧和理论勇气，总结社会主义建设的经验和教训，在"南方谈话"中提出"发展才是硬道理"。[①]"发展才是硬道理"思想的提出，全面启动了中国社会主义现代化进程。2002 年，江泽民在中共十六大报告中进一步提出，"发展是执政兴国的第一要务"，"能不能解决好发展问题，直接关系人心向背、事业兴衰。

[①] 《邓小平文选》第二卷中收入的邓小平在 1980 年 4 月至 5 月的四次谈话节录《社会主义首先要发展生产力》，是邓小平对这一问题的一个初步总结。邓小平总结反思认为，"四人帮"的"宁肯要穷的社会主义，不要富的资本主义"的说法不符合马列主义、毛泽东思想的根本原则。他指出："经济长期处于停滞状态总不能叫社会主义。人民生活长期停止在很低的水平总不能叫社会主义。"（《邓小平文选》第二卷，第 312 页）"讲社会主义，首先就要使生产力发展，这是主要的。只有这样，才能表明社会主义的优越性。"（《邓小平文选》第二卷，第 314 页）到了 1992 年初的"南方谈话"，邓小平又进一步强调这个问题，并以格言式的精练语言掷地有声地指出："社会主义的本质，是解放生产力，发展生产力，消灭剥削，消除两极分化，最终达到共同富裕。"（《邓小平文选》第三卷，第 373 页）"不坚持社会主义，不改革开放，不发展经济，不改善人民生活，只能是死路一条。"（《邓小平文选》第三卷，第 370 页）"发展才是硬道理。"（《邓小平文选》第三卷，第 377 页）

党要承担起推动中国社会进步的历史责任，必须始终紧紧抓住发展这个执政兴国的第一要务"，进一步发展了邓小平"发展才是硬道理"的思想。以胡锦涛为总书记的党中央继承了上述理念，并从新世纪实际出发，丰富了发展内涵，在党的十六届三中全会上提出了科学发展观的重要执政理念，"坚持以人为本，树立全面、协调、可持续的发展观，促进经济社会和人的全面发展"。新时代，习近平总书记在前面三代领导集体的发展理念基础上，综合中国发展建设实际，创造性地提出了以创新、协调、绿色、开放、共享为主要内容的新发展理念。

从中国发展理念转变的主要脉络中可以看出，中国在发展实践中，不断地丰富和完善自身的发展理念。

一、 "发展是硬道理"

（一）时代背景

20世纪初到70年代，世界的主题是战争与革命。在这期间，经历了两次世界大战和两大革命运动——无产阶级革命运动和民族解放运动。70年代末80年代初以来，两极化格局走到尽头，维护世界和平、避免世界大战成为可能。与此同时，新兴科学技术革命在全世界蓬勃兴起。为了在21世纪全球化竞争中站稳脚跟，发展问题成为世界各个国家和地区的核心问题。

从中国国内情况看，1978年十一届三中全会以后，在深刻吸取社会主义建设前期特别是"文化大革命"时期的严重教训基础上，中国共产党将全党的工作重心从"以阶级斗争为纲"转向"以经济建设为中心"，提出了"发展才是硬道理"的指导思想，并将改革开放作为实现发展的重要手段。

1978 年 12 月 18 日至 22 日，中共十一届三中全会在北京举行。全会作出了把党和国家工作重点转移到社会主义现代化建设上来和实行改革开放的战略决策，实现了具有深远历史意义的伟大转折。

对 70 年代末 80 年代初以来世界形势的根本性变化，中国领导人有着深刻的认识，将和平与发展并列为世界两大问题。1984 年 5 月，邓小平在会见巴西总统菲格雷多时说："现在世界上问题很多，有两个比较突出。一是和平问题。现在有核武器，一旦发生战争，核武器就会给人类带来巨大的损失。要争取和平就必须反对霸权主义，反对强权政治。二是南北问题。这个问题在目前十分突出。发达国家越来越富，相对的是发展中国家越来越穷。南北问题不解决，就会对世界的发展带来障碍。"①

1985 年 3 月，邓小平在会见日本访华团时，进一步明确指出发展问题是当代世界的核心问题。他说："现在世界上真正大的问题，带全球

---

① 邓小平：《邓小平文选》第三卷，北京：人民出版社，1993 年，第 56 页。

性的战略问题，一个是和平问题，一个是经济问题或者说发展问题。和平问题是东西问题，发展问题是南北问题。概括起来，就是东西南北四个字。南北问题是核心问题。"①

1988 年 12 月，邓小平在会见印度总理拉吉夫·甘地时，突出强调了发展问题的重要性，并把发展问题提高到全人类的高度。他指出："当前世界上主要有两个问题，一个是和平问题，一个是发展问题。和平是有希望的，发展问题还没有得到解决。人们都在讲南北问题很突出，我看这个问题就是发展问题。我曾多次对一些外国朋友讲，这个问题要从人类发展的高度来认识。现实情况是当今世界只有四分之一的人口生活在发达国家，其他四分之三的人口是生活在发展中国家，或者叫不发达国家。国际社会虽然提出要解决南北问题，但讲了多少年了，南北之间的差距不是在缩小，而是在扩大，并且越来越大。……所以，应当把发展问题提到全人类的高度来认识，要从这个高度去观察问题和解决问题。"②

1990 年 3 月，邓小平在同中央几位负责人谈话时指出："国际形势的变化怎么看？旧的格局是不是已经完了，新的格局是不是已经定了？国际上议论纷纷，国内也有各种意见。看起来，我们过去对国际问题的许多提法，还是站得住的。现在旧的格局在改变中，但实际上并没有结束，新的格局还没有形成。和平与发展两大问题，和平问题没有得到解决，发展问题更加严重。"③

由此可见，邓小平将和平与发展视为时代主题，认为这是关系到各国人民根本利益、关系到世界前途和命运的具有全局性、战略性的根本

---

① 邓小平：《邓小平文选》第三卷，北京：人民出版社，1993 年，第 105 页。
② 邓小平：《邓小平文选》第三卷，北京：人民出版社，1993 年，第 281—282 页。
③ 邓小平：《邓小平文选》第三卷，北京：人民出版社，1993 年，第 353 页。

问题。中国在这一时期的发展理念，就建立在这样的认识和判断基础上。

（二）基本内涵

在 1978 年 9 月巡视东北期间的讲话中，邓小平指出："我们是社会主义国家，社会主义制度优越性的根本表现，就是能够允许社会生产力以旧社会所没有的速度迅速发展，使人民不断增长的物质文化生活需要能够逐步得到满足。按照历史唯物主义的观点来讲，正确的政治领导的成果，归根结底要表现在社会生产力的发展上，人民物质文化生活的改善上。如果在一个很长的历史时期内，社会主义国家生产力发展的速度比资本主义国家慢，还谈什么优越性？"[1]

在发展道路及发展理念问题上，邓小平指出，我们建设社会主义，既不能把马克思主义书本当教条，也不能照搬外国经验，中国式的现代化，必须从中国的特点出发。过去搞民主革命，要适合中国情况，走毛泽东同志开辟的农村包围城市的道路。现在搞建设，也要适合中国情况，走出一条中国式的现代化道路。

邓小平规划了中国社会主义现代化建设分三步走的发展战略。1987 年 4 月，他在会见西班牙客人时指出："我们原定的目标是，第一步在八十年代翻一番。以一九八〇年为基数，当时国民生产总值人均只有二百五十美元，翻一番，达到五百美元。第二步是到本世纪末，再翻一番，人均达到一千美元。实现这个目标意味着我们进入小康社会，把贫困的中国变成小康的中国。那时国民生产总值超过一万亿美元，虽然人均数还是很低，但是国家的力量有很大增加。我们制定的目标更重要的还是第三步，在下世纪用三十年到五十年再翻两番，大体上达到人均四千美

---

[1] 邓小平：《邓小平文选》第三卷，北京：人民出版社，1993 年，第 226 页。

元。做到这一步，中国就达到中等发达的水平。"① "三步走" 发展战略是实现社会主义发展的 "三部曲"：第一步消灭贫穷，第二步 "不穷不富"，第三步比较富裕。"三步走" 发展战略是邓小平发展理念的核心。

邓小平发展理念提出，改革是解放生产力和发展生产力的过程，是社会主义发展的动力。生产力标准是判断改革是非得失的根本标准。改革既不是细枝末节的修补，也并非改变社会主义基本制度，而是从根本上改变束缚生产力发展的各种旧体制，建设富于活力的社会主义体制。

中国的发展一方面需要国际上的和平环境，另一方面需要安定团结的国内政治局面。在和平与发展成为当今世界两大主题的前提下，世界经济中心转移到太平洋沿岸地区，这为中国现代化建设提供了千载难逢的机遇。此外，安定团结的政治局面为中国经济迅速发展、国家经济实力大大增强提供了政治保证和根本前提。20 世纪末期，科技革命方兴未艾，中国实行改革开放发展战略，突出强调 "发展才是硬道理"，为中国抓住有利时间窗口推动经济增长奠定了坚实的理论基础。

二、发展是执政兴国第一要务

如果说邓小平发展理念主要是回应 "什么是社会主义、怎样建设社会主义" 的问题，那么以江泽民同志为核心的党的第三代中央领导集体则面临着 "建设什么样的党、怎样建设党" 的问题。因此，江泽民在论述发展理念时强调从执政党的角度实现发展，提出要把发展作为贯穿 "三个代表" 重要思想的主题，作为中国共产党 "执政兴国的第一要务"。

---

① 邓小平：《邓小平文选》第三卷，北京：人民出版社，1993 年，第 226 页。

（一）时代背景

经过全党和全国各族人民 20 多年的艰苦努力，到 20 世纪末，中国实现了现代化建设"三步走"战略的第一步、第二步目标。作为一个 12 亿多人口的发展中大国，人民生活总体上达到小康水平，这是改革开放和现代化建设取得的伟大成果，是中华民族发展史上一个新的里程碑。

2002 年 5 月 31 日，江泽民在中央党校省部级干部进修班毕业典礼上的讲话中，用"形势逼人，不进则退"来形容当时的国际环境。一方面冷战结束，东西方两大军事集团的对抗消失，另一方面世界力量失衡，矛盾和动荡因素增加，霸权主义、强权政治依然存在；一方面发达国家愈来愈富，另一方面许多发展中国家贫困化日益加深。和平与发展两大问题都没有得到解决。进入新世纪，中国进入了全面建设小康社会、加快推进社会主义现代化的新发展阶段。世界多极化和经济全球化的趋势在曲折中发展，科技进步日新月异，综合国力竞争日趋激烈。

改革开放是中国共产党领导人民认识世界、改造世界的伟大创举。中国共产党作出了中国处于并将长期处于社会主义初级阶段的基本判断，提出当前的主要任务是解决人民群众日益增长的物质文化需要同落后的社会生产力之间的矛盾。改革开放初期，邓小平深刻洞察国际大势，提出和平与发展是时代主题。世纪之交，以江泽民同志为核心的党的第三代中央领导集体提出，要承担起推动中国社会发展的历史使命，必须始终紧紧抓住发展这个执政兴国的第一要务，把保持党的先进性和发挥社会主义制度的优越性落实到发展先进生产力、发展先进文化、维护和实现最广大人民的根本利益上来。以"三个代表"重要思想（中国共产党始终代表中国先进生产力的发展要求，始终代表中国先进文化的前进方向，始终代表中国最广大人民的根本利益）为指导的发展理念，从根本上把握了人民的愿望，把握了社会主义现代化建设的本质。

（二）基本内涵

面对中国的发展问题，江泽民指出："抓住机遇、加快发展，在政治上、经济上、文化上对我们都很紧要。解决中国的所有问题，关键在发展；解决人们的思想认识问题，说服那些不相信社会主义的人，坚定人们对社会主义和祖国未来前途的信念与信心，最终也要靠发展。"[①]

中国经历了从"以经济建设为中心"到"两手抓，两手都要硬"的转变。改革开放之初，中国确立了"以经济建设为中心"的基本路线。随着现代化建设逐步深入，邓小平提出"两手抓、两手都要硬"的思想，认为有特色的社会主义，就是物质文明和精神文明都要搞好。江泽民进一步深化了这一认识，指出"一个民族，物质上不能贫困，精神上也不能贫困，只有物质和精神都富有，才能成为一个有强大生命力和凝聚力的民族"[②]。

此外，这一时期，中国将"两手抓"升华到社会全面发展层面，提出"社会主义不仅要实现经济繁荣，而且要实现社会的全面进步"[③]，"社会主义社会是全面发展、全面进步的社会"[④]。人类社会的活动，不仅包括物质生产和精神生产两个方面，也包括人与自然之间关系的协调、人与人之间关系的协调等等。因此，这一时期对社会全面发展、全面进步的概括，体现了社会力量及其关系的整体性，超越了物质文明和精神文明的范畴，是对发展理念本身的发展。

2000年召开的中共十五届五中全会强调，"十五"期间，要把发展作为主题，把结构调整作为主线，把改革开放和科技进步作为动力，把提高人民生活水平作为根本出发点，全面推动经济发展和社会进步。这是在新

[①] 江泽民：《论"三个代表"》，北京：中央文献出版社，2001年，第123页。

[②] 《江泽民论有中国特色社会主义》（专题摘编），北京：中央文献出版社，2002年，第382页。

[③] 江泽民：《在庆祝中华人民共和国成立四十周年大会上的讲话》，北京：人民出版社，1989年。

[④] 《江泽民论有中国特色社会主义》（专题摘编），北京：中央文献出版社，2002年，第382页。

世纪把建设有中国特色社会主义伟大事业继续推向前进的重要方针。①

江泽民的发展理念，强调"坚持把发展作为党执政兴国的第一要务"，深刻地揭示了发展与执政、执政与兴国的内在联系，凸显了发展在中国共产党执政兴国中"第一要务"的位置。这意味着，在处理中国面临的各项任务时，必须始终把发展置于首要和核心的地位。中国共产党要承担起推动中国社会进步的历史责任，必须始终紧紧抓住发展这个执政兴国的第一要务，把坚持党的先进性和发挥社会主义制度的优越性落实到发展先进生产力、发展先进文化、实现最广大人民的根本利益上来，推动社会全面进步，促进人的全面发展。②

在可持续发展理念上，江泽民指出，要十分重视生态建设和环境保护，经过长期努力，使中国青山常在，绿水长流，资源永续利用。他强调，必须从中华民族的长远发展考虑，从应付世界上的突发事件考虑，从子孙后代考虑，坚持实施可持续发展战略。③1992 年，联合国环境与发展大会通过了《21 世纪议程》，中国政府作出了履行《21 世纪议程》等文件的庄严承诺。1994 年 3 月发布的《中国 21 世纪议程》是中国可持续发展的总体战略方案，确立了中国可持续发展的 4 个主要战略目标：1. 在保持经济快速增长的同时，依靠科技进步和提高劳动者素质，不断改善发展的质量；2. 促进社会的全面发展与进步，建立可持续发展的社会基础；3. 控制环境污染，改善生态环境，保护可持续利用的资源基础；4. 逐步建立国家可持续发展的政策体系、法律体系及可持续发展的综合决策机制和协调管理机制。

---

① 江泽民：《江泽民文选》第三卷，北京：人民出版社，2006 年，第 117—118 页。

② 江泽民：《江泽民文选》第三卷，北京：人民出版社，2006 年，第 538—539 页。

③ 江泽民：《江泽民文选》第三卷，北京：人民出版社，2006 年，第 123 页。

三、科学发展观

2003 年，中共十六届三中全会提出了"以人为本的科学发展观"，强调在发展中坚持以人为本、实现人的全面发展。这一时期的发展理念，为当代中国解决了"发展什么、靠什么发展、为谁发展"的根本问题。

（一）时代背景

从这一时期的时代背景看，要和平、促发展、谋合作是时代的主旋律。世界多极化、经济全球化趋势深入发展，科技进步日新月异，世界生产力显著提高，全球经济保持总体增长，各类全球性和区域性合作生机勃勃，国际关系民主化不断推进。人类正以前所未有的速度发展进步。同时，世界和平与发展这两大问题还没有得到根本解决。因种种原因导致的局部战争和冲突时起时伏，地区热点问题错综复杂，南北差距进一步拉大，许多国家人民基本生存甚至生命安全得不到保障，国际恐怖势力、民族分裂势力、宗教极端势力在一些地区还相当活跃，环境污染、毒品走私、跨国犯罪、严重传染性疾病等跨国性问题日益突出。人类实现普遍和平、共同发展的理想还任重道远。[①]

2003 年，中国人均国内生产总值突破了 1000 美元，跨上了一个重要台阶。一些国家和地区的发展历程表明，在人均国内生产总值突破 1000 美元之后，经济社会就进入了一个关键的发展阶段。在这个阶段，既有因为举措得当从而促进经济快速发展和社会平稳进步的成功经验，也有因为应对失误从而导致经济徘徊不前和社会长期动荡的失败教训。中国经济社会发展正处于人均国内生产总值从 1000 美元向 3000 美元过渡的

---

① 胡锦涛：《胡锦涛文选》第二卷，北京：人民出版社，2016 年，第 352 页。

关键时期，这既是一个发展机遇期，也是一个矛盾凸显期。随着中国工业化、城镇化和经济结构调整加速，随着中国经济成分、组织形式、就业方式、分配方式多样化，发展不平衡的矛盾日益凸显，社会利益关系日趋多样化，当前和今后相当长一段时间内中国经济社会发展面临的矛盾和问题可能更复杂、更突出。[1] 在这个关键的发展时期，如果政策把握得当，就会推动经济社会协调发展，顺利实现工业化和现代化；反之，就会出现经济社会发展脱节，陷入社会差距扩大、矛盾加剧、经济社会发展徘徊不前的困境。

这一时期，中国的国内建设面临正确处理增长数量和质量、速度和效益关系的问题。增长是发展的基础，没有经济数量增长，没有物质财富积累，就谈不上发展。但是，增长并不简单等同于发展，如果单纯扩大数量，单纯追求速度，而不重视质量和效益，不重视经济、政治、文化协调发展，不重视人与自然的和谐，就会出现增长失调从而最终制约发展的局面。忽视社会主义民主法治建设，忽视社会主义精神文明建设，忽视各项社会事业发展，忽视资源环境保护，经济建设是难以搞上去的，即使一时搞上去了最终也可能要付出沉重代价。[2] 因此，中国必须在实践中不断探索促进全面发展、协调发展、可持续发展的新思路新途径，进一步提高发展质量，实现更快更好发展。

（二）基本内涵

2003年10月，中共十六届三中全会明确提出了坚持以人为本、全面协调可持续的科学发展观。科学发展观内涵涉及经济、政治、文化、

---

[1] 胡锦涛：《胡锦涛文选》第二卷，北京：人民出版社，2016年，第362页。
[2] 胡锦涛：《胡锦涛文选》第二卷，北京：人民出版社，2016年，第104—105页。

2006年4月，中部崛起战略正式实施。促进中部地区崛起，对于形成东中西互动、优势互补、相互促进、共同发展的新格局具有重大意义。图为2006年9月在湖南长沙举行的首届中国中部投资贸易博览会中部投资论坛。

社会发展各个领域。科学发展观，第一要义是发展，核心是以人为本，基本要求是全面协调可持续，根本方法是统筹兼顾。

科学发展观，首先强调以人为本的发展。必须始终以最广大人民群众的利益为根本出发点，满足人民在物质、文化生活方面的各种需要，保护人民的经济、政治、文化权益，实现发展成果由全体人民共享。其次是全面发展。在坚持以经济建设为中心的基础上，全面推进经济建设、政治建设、文化建设，实现经济、社会全面发展。第三是协调发展，统筹城市与农村之间、区域之间、经济基础与上层建筑之间的相互关系，实现经济、政治、文化、民生等各个环节的协调配合。第四是可持续发展，实现人与自然的和谐关系，在保证经济发展的同时，实现经济与人口压力、资源约束与环境保护相协调，实现永续发展。

树立和落实科学发展观，还要把握好以下几个主要方面。

第一，以经济建设为中心不动摇。科学发展观是以经济建设为根本基础的。全面发展的破题之意在于经济的发展。必须正确认识中国正处于并将长期处于社会主义初级阶段的现实情况，在国内始终以经济建设为中心，对外利用、把握好相对和平的外部环境，力求快速提高生产力水平。只有把经济建设搞上去，提高综合国力，夯实全面可持续发展的物质基础，才能够为在改革中不断解决新问题、新矛盾提供物质保障。

第二，推进社会的全面进步和人的全面发展。必须协调好物质文明建设、政治文明建设和精神文明建设。人的全面发展是在经济、政治、文化协调发展的前提下实现的，经济、政治和文化发展三者相互协调、相互作用，缺一不可。强调以经济建设为中心，并不是要放弃或暂时停止政治发展、文化发展和人的发展。如果单纯追求经济进步，这种发展模式是难以持续的。在经济建设搞上去的同时，必须警惕单纯经济增长带来的贫富差异、对社会制度的冲击和对文化思潮的不良影响。全面建设社会主义物质、政治和精神文明，是避免由于不平衡发展而抑制发展的最好方式。

第三，讲求经济增长的质量和效益。要警惕将经济数量的增长简单等同于经济发展的错误观念。在提速的同时，既要增量又要提质，既要有效果又要有效率，既要全面增长又要与经济结构转型相配合。应综合整合中国的制度优势，将劳动力要素、自然资源要素、资本要素、技术要素和外国先进技术、管理要素相结合，推动经济发展再上新台阶。此外，中国要实现可持续发展，必须在推动经济增长的过程中，考虑资源、人口和环境的承载能力，积极发展可循环经济，重视可再生资源的再利用，实现人类社会与生态系统的良性循环，为中华民族未来提供可持续的发展条件和空间。

第四，坚持因地制宜、因时制宜的原则。中国的各个区域、不同省份之间，经济发展基础与生态环境各异，因此在推进落实科学发展观的过程中，必须坚持因地制宜、因时制宜的原则，反对一刀切，不能在量化指标上搞千篇一律的规定，而是要针对本地区、本部门的具体情况，着重解决自身在发展中所遇到的突出问题。

四、新发展理念引领新阶段高质量发展

2015 年，中共十八届五中全会提出创新、协调、绿色、开放、共享的新发展理念，集中体现了新时期发展思路、发展方向和发展着力点。

（一）时代背景

关于什么是发展、什么是更好的发展、如何实现更好的发展，中国共产党在不断探索和思考中形成重大理论创新。中共十八大以来，面对新形势、新任务和人民的新期待，中国领导人进一步深化了对发展本质、内涵、实现路径等的认识，明确提出"人民是推动发展的根本力量，必须坚持以人民为中心的发展思想"，系统提出创新发展、协调发展、绿色发展、开放发展、共享发展这五大发展理念，理清了发展思路，指明了发展方向，找准了发展着力点。

新发展理念并非凭空得来的，而是在深刻总结国内外发展经验教训和深刻分析国内外发展现状与大势的基础上形成的，集中反映了中国领导人对经济社会发展规律认识的深化。

经过改革开放以来 30 多年的快速发展，中国已成为世界第二大经济体，人均国内生产总值大幅度提高。在这一过程中，出现了一些比较突出的矛盾和问题，包括经济结构失衡、社会发展滞后、区域城乡发展

不平衡、社会成员收入差距扩大、环境污染和生态退化等。如果不解决这些问题，中国的现代化进程就会受到严重干扰。五大发展理念正是为解决这些新矛盾新问题而提出来的。

首先，新发展理念坚持了以人民为中心的发展思想。习近平总书记指出，"人民对美好生活的向往，就是我们的奋斗目标"。[①]2016年4月18日，习近平在中央全面深化改革领导小组第二十三次会议上强调，改革既要往有利于增添发展新动力的方向前进，也要往有利于维护社会公平正义方向前进，注重从体制机制创新上推进供给侧结构性改革，着力解决制约经济社会发展的体制机制问题；把以人民为中心的发展思想体现在经济社会发展各个环节，做到老百姓关心什么、期盼什么，改革就要抓住什么、推进什么，通过改革给人民群众带来更多获得感。[②]

其次，不再简单地以国内生产总值增长率论英雄。"既看发展又看基础，既看显绩又看潜绩，把民生改善、社会进步、生态效益等指标和实绩作为重要考核内容，再也不能简单以国内生产总值增长率来论英雄。"[③]习近平强调，不能把国家确定的调控目标作为各地经济增长的底线，更不要相互攀比甚至层层加码，要立足提高质量和效益来推动经济持续健康发展，"增长必须是实实在在和没有水分的增长，是有效益、有质量、可持续的增长"[④]。

再次，坚持绿水青山就是金山银山。2013年9月7日，习近平在哈萨克斯坦纳扎尔巴耶夫大学发表演讲时，明确提出绿水青山就是金山银山，强调建设生态文明、建设美丽中国是当前中国的一项战略任

---

① 习近平：《习近平谈治国理政》，北京：外文出版社，2014年，第4页。

② 习近平：《习近平谈治国理政》第二卷，北京：外文出版社，2017年，第103页。

③ 习近平：《习近平谈治国理政》，北京：外文出版社，2014年，第419页。

④ 习近平：《习近平谈治国理政》，北京：外文出版社，2014年，第112页。

务。在致生态文明贵阳国际论坛 2013 年年会的贺信中，习近平指出，走向生态文明新时代，建设美丽中国，是实现中华民族伟大复兴的中国梦的重要内容。中国将按照尊重自然、顺应自然、保护自然的理念，贯彻节约资源和保护环境的基本国策，更加自觉地推动绿色发展、循环发展、低碳发展，把生态文明建设融入经济建设、政治建设、文化建设、社会建设各方面和全过程，形成节约资源、保护环境的空间格局、产业结构、生产方式、生活方式，为子孙后代留下天蓝、地绿、水清的生产生活环境。[①]

（二）基本内涵

2015 年 10 月，中共十八届五中全会提出了创新、协调、绿色、开放、共享的发展理念。其中，创新发展注重的是解决发展动力问题，协调发展注重的是解决发展不平衡问题，绿色发展注重的是解决人与自然和谐问题，开放发展注重的是解决发展内外联动问题，共享发展注重的是解决社会公平正义问题。坚持新发展理念，是关系中国发展全局的一场深刻变革。由此，在新发展理念引领下，中国的发展进程进入了新的阶段。关于这一部分重要内容，本书将在第三章进行重点介绍。

[①] 习近平：《习近平谈治国理政》，北京：外文出版社，2014 年，第 211—212 页。

第二章
改革开放的政策历程与理论溯源

　　改革开放是中国大踏步赶上时代的重要法宝，是决定当代中国命运的关键一招，也是决定实现"两个一百年"奋斗目标、实现中华民族伟大复兴中国梦的关键一招。40多年来，中国共产党和中国政府努力采取各种措施，从确立产权制度、专业化分工、扩大国内国外市场、推动要素流动、参与国际经济体系等多个角度持续发力，成功探索出一条具有中国特色的改革开放之路。

第一节
改革开放的推进过程

以 1978 年中共十一届三中全会的召开为起点，中国进入了全新的发展时期。中国共产党在带领全国人民坚持马克思主义、立足中国实际并结合时代发展推动中国经济社会发展的进程中，逐渐形成了一整套改革开放的政策体系。

本节内容，以 1978 年以来历次中国共产党全国代表大会报告中的关键表述为基础，梳理了中国对改革开放整体布局设计思路的演变过程。从这些文件的重点表述之中，可以看出中国共产党是如何领导全国人民在各个历史时期审时度势，制定、出台一系列行之有效的政策措施。[①]

---

① 本节内容为作者根据中国共产党历次全国代表大会报告资料整理。

一、中国共产党第十二次全国代表大会报告（1982年）

（一）立足自力更生，主要依靠自身艰苦奋斗

中国对外改革开放，必须立足于自力更生，主要依靠自己艰苦奋斗，这是决不动摇的基本前提。扩大对外经济技术交流，目的是增强自力更生的能力，促进民族经济的发展，而决不能损害民族经济。国内能够制造和供应的设备特别是日用消费品，不要盲目进口。要在统一计划、统一政策和联合对外的前提下，发挥地方、部门和企业开展对外经济活动的积极性，同时反对任何损害国家民族利益的行为。我们千万不要忘记，资本主义国家和资本主义企业决不会因为同我们进行经济技术交流，就改变它们的资

1980年，深圳、珠海、汕头、厦门四个经济特区相继成立。创办经济特区，对经济特区实行特殊的经济政策和经济管理体制，是中国实行对外开放基本国策的突破口。图为1981年5月，深圳经济特区建设初期的场景。

本主义本性。我们在坚持实行对外开放政策的过程中，一定要坚决警惕和抵制资本主义思想的侵蚀，反对任何崇洋媚外的意识和行为。

（二）按照平等互利的原则扩大对外经济技术交流

实行对外开放，按照平等互利的原则扩大对外经济技术交流，是中国坚定不移的战略方针。要促进国内产品进入国际市场，大力扩展对外贸易。要尽可能地多利用一些可以利用的外国资金进行建设，为此必须做好各种必要的准备工作，安排好必不可少的国内资金和各种配套措施。要积极引进一些适合中国情况的先进技术，特别是有助于企业技术改造的先进技术，努力加以消化和发展，以促进中国的生产建设事业。

二、中国共产党第十三次全国代表大会报告（1987年）

（一）进一步扩大对外开放的广度和深度

当今世界是开放的世界。中国已经在实行对外开放这个基本国策中取得了重大成就。今后，中国必须以更加勇敢的姿态进入世界经济舞台，正确选择进出口战略和利用外资战略，进一步扩展同世界各国包括发达国家和发展中国家的经济技术合作与贸易交流，为加快中国科技进步和提高经济效益创造更好的条件。

（二）采取多种手段，积极扩大出口创汇能力

出口创汇能力的大小，在很大程度上决定着中国对外开放的程度和范围，影响着国内经济建设的规模和进程。必须根据国际市场的需要和中国的优势，积极发展具有竞争力、见效快、效益高的出口产业和产品，大力提高出口商品的质量，合理安排出口商品结构，多方位地开拓国际

1988年4月,海南省和海南经济特区成立,成为中国面积最大的经济特区。图为群众欢庆海南省成立。

市场,以争取出口贸易较快地持续增长。同时,积极发展旅游业,发展劳务出口和技术出口,努力增加非贸易外汇收入。进口的重点要放在引进先进技术和关键设备上。凡是适宜于国内生产的重大设备和其他产品,要努力提高产品质量和性能,做到立足于国内。积极发展替代进口产品的生产,采取必要的政策和措施,加快国产化进程。为了更好地扩大对外贸易,必须按照有利于促进外贸企业自负盈亏、放开经营、工贸结合、推行代理制的方向,坚决地有步骤地改革外贸体制。

对于国外资金的利用,要根据偿还能力和国内资金、物资配套能力,保持适当的规模和合理的结构,大力提高外资使用的综合经济效益。要进一步健全涉外经济立法,落实优惠政策,改善投资环境,使外国企业家能够按照国际惯例在中国经营企业,以吸引更多的外来投资。

（三）形成逐步推进的对外开放格局

继续巩固和发展已初步形成的"经济特区—沿海开放城市—沿海经济开发区—内地"这样一个逐步推进的开放格局。从国民经济全局出发，正确确定经济特区、开放城市和地区的开发与建设规划，着重发展外向型经济，积极开展同内地的横向经济联合，以充分发挥它们在对外开放中的基地和窗口作用。

三、中国共产党第十四次全国代表大会报告（1992 年）

十一届三中全会以来，在邓小平建设有中国特色社会主义理论的指导下，社会生产力获得新的解放，安定团结的政治局面不断巩固。中国人民的温饱问题基本解决。1992 年初，邓小平视察南方，做了重要谈话，进一步奠定了中国改革开放的发展格局。首先，邓小平在谈话中指出，坚持党的十一届三中全会以来的路线，关键是坚持"一个中心、两个基本点"。①不坚持社会主义，不改革开放，不发展经济，不改善人民生活，只能是死路一条。基本路线要管一百年，动摇不得。其次，谈话突出了解放和发展生产力、走向共同富裕这两条重要内容。社会主义的本质，是解放生产力，发展生产力，消灭剥削，消除两极分化，最终达到共同富裕。第三，谈话明确提出"两个不等于"：计划经济不等于社会主义，市场经济不等于资本主义，为提出社会主义市场经济论奠定了基础。邓小平指出："计划多一点还是市场多一点，不是社会主义与资本主义的本质区别。计划经济不等于社会主义，资本主义也有计划；市场经济

---

① "一个中心、两个基本点"是中国共产党在社会主义初级阶段基本路线的核心内容。一个中心，指以经济建设为中心；两个基本点，指坚持四项基本原则、坚持改革开放。四项基本原则的内容是坚持社会主义道路，坚持人民民主专政，坚持中国共产党的领导，坚持马克思列宁主义、毛泽东思想。

不等于资本主义，社会主义也有市场。计划和市场都是经济手段。"改革的判断标准，应该主要看是否有利于发展社会主义社会的生产力，是否有利于增强社会主义国家的综合国力，是否有利于提高人民的生活水平。谈话强调发展是硬道理，在发展中生产力是根本，科学技术是第一生产力，要讲综合国力、两个文明、全面发展。邓小平指出，要注意经济稳定、协调地发展，但稳定和协调也是相对的，不是绝对的，发展才是硬道理。邓小平南方谈话为中国共产党第十四次全国代表大会召开奠定了基础。

党的十四大作出三项具有深远意义的决策：一是抓住机遇，加快发展；二是明确中国经济体制改革的目标是建立社会主义市场经济体制；三是确立邓小平建设有中国特色社会主义理论在全党的指导地位。在以改革开放推动形成新的发展格局方面，十四大报告具体有以下内容。

（一）形成多层次、多渠道、全方位开放格局

继续办好经济特区、沿海开放城市和沿海经济开放区。扩大开放沿边地区，加快内陆省、自治区对外开放步伐。以上海浦东开发开放为龙头，进一步开放长江沿岸城市，把上海建成国际经济、金融、贸易中心之一，带动长江三角洲和整个长江流域地区经济的新飞跃。加速广东、福建、海南、环渤海湾地区开放和开发，力争经过20多年的努力，使广东及其他有条件的地方成为中国基本实现现代化的地区。

（二）拓宽利用外资领域，改善投资环境

利用外资的领域要拓宽。采取更加灵活的方式，继续完善投资环境，为外商投资经营提供更方便的条件和更充分的法律保障。按照产业政策，积极吸引外商投资，引导外资主要投向基础设施、基础产业和企业的技术改造，投向资金、技术密集型产业，适当投向金融、商业、旅游、房

地产等领域。经济技术开发区和高新技术产业开发区的建设，要合理布局，认真办好。

（三）在东部沿海地区大力发展外向型经济

东部沿海地区要大力发展外向型经济，重点发展附加值高、创汇高、技术含量高、能源和原材料消耗低的产业和产品，多利用一些国外资金、资源，求得经济发展的更高速度和更好效益。中部和西部地区资源丰富，沿边地区还有对外开放的地缘优势，发展潜力很大，国家要在统筹规划下给予支持。这些地方应当根据市场经济的要求，加快对内对外开放的步伐，加强基础设施建设，促进资源的开发和利用，努力发展优势产业和产品，有条件的也要积极发展外向型经济，以带动整个经济发展。各

1990年4月，中共中央、国务院正式决定开发开放上海浦东，中国的对外开放又迈开了新的步伐。图为20世纪90年代的浦东新区远眺。

地都要从国家整体利益出发，树立全局观念，不应追求自成体系，竭力避免不合理的重复建设和重复引进。积极促进合理交换和联合协作，形成地区之间互惠互利的经济循环新格局。要根据自然地理特点和经济的内在联系，充分发挥中心城市作用，努力发展各具特色的区域经济。

（四）积极开拓国际市场，促进对外贸易多元化，发展外向型经济

中国需要扩大出口贸易，改善出口商品结构，提高出口商品的质量和档次，同时适当增加进口，更多地利用国外资源和引进先进技术。深化外贸体制改革，尽快建立适应社会主义市场经济发展的、符合国际贸易规范的新型外贸体制。赋予有条件的企业、科技单位以外贸自营权。积极扩大中国企业的对外投资和跨国经营。

四、中国共产党第十五次全国代表大会报告（1997 年）

中共十五大报告指出，在新世纪将要到来的时刻，中国面对着严峻的挑战和有利条件。国际竞争日趋激烈，同时也要看到：第一，和平与发展已成为当今时代的主题，世界格局正在走向多极化，争取较长时期的国际和平环境是可能的。世界范围内科技革命突飞猛进，经济继续增长。这为中国提供了有利的外部条件。第二，中华人民共和国成立后特别是近二十年来中国已经形成可观的综合国力，改革开放为现代化建设创造了良好的体制条件，开辟了广阔的市场需求和资金来源，人民的创造活力进一步发挥出来。第三，中国共产党确立起已被实践证明是正确的建设有中国特色社会主义的基本理论和基本路线。这些都是过去不曾或不完全具备的条件。

报告指出，在社会主义初级阶段，正确处理改革、发展同稳定的关系，

保持稳定的政治环境和社会秩序，具有极端重要的意义。必须坚持党的领导，坚持物质文明和精神文明两手抓、两手都要硬的方针，排除一切破坏稳定的因素。必须把改革的力度、发展的速度和社会可以承受的程度统一起来，在社会政治稳定中推进改革、发展，在改革、发展中实现社会政治稳定。

在推动改革开放形成新的发展格局方面，中共十五大报告具体有以下内容。

（一）努力提高对外开放水平

对外开放是一项长期的基本国策。面对经济、科技全球化趋势，要以更加积极的姿态走向世界，完善全方位、多层次、宽领域的对外开放格局，发展开放型经济，增强国际竞争力，促进经济结构优化和国民经济素质提高。

（二）扩大商品和服务贸易，优化进出口结构

坚持以质取胜和市场多元化战略，积极开拓国际市场。进一步降低关税总水平，鼓励引进先进技术和关键设备。深化对外经济贸易体制改革，完善代理制，扩大企业外贸经营权，形成平等竞争的政策环境。积极参与区域经济合作和全球多边贸易体系。

（三）更好地利用国内国外两个市场、两种资源

积极、合理有效地利用外资，有步骤地推进服务业的对外开放。依法保护外商投资企业的权益，实行国民待遇，加强引导和监管。鼓励能够发挥中国比较优势的对外投资。完善和实施涉外经济贸易的法律法规。正确处理对外开放同独立自主、自力更生的关系，维护国家经济安全。

进一步办好经济特区、上海浦东新区。鼓励这些地区在体制创新、产业升级、扩大开放等方面继续走在前面，发挥对全国的示范、辐射、带动作用。

五、中国共产党第十六次全国代表大会报告（2002 年）

（一）全面提高对外开放水平，积极参与国际经济技术合作和竞争

坚持"引进来"和"走出去"相结合，全面提高对外开放水平。适应经济全球化和加入世贸组织的新形势，在更大范围、更广领域和更高层次上参与国际经济技术合作和竞争，充分利用国际国内两个市场，优化资源配置，拓宽发展空间，以开放促改革促发展。

进一步扩大商品和服务贸易，实施市场多元化战略，发挥中国的比较优势，巩固传统市场，开拓新兴市场，努力扩大出口。坚持以质取胜，提高出口商品和服务的竞争力。优化进口结构，着重引进先进技术和关键设备。深化外经贸体制改革，推进外贸主体多元化，完善有关税收制度和贸易融资机制。

（二）坚持"引进来"和"走出去"相结合

进一步吸引外商直接投资，提高利用外资的质量和水平。逐步推进服务领域开放。通过多种方式利用中长期国外投资，把利用外资与国内经济结构调整、国有企业改组改造结合起来，鼓励跨国公司投资农业、制造业和高新技术产业。大力引进海外各类专业人才和智力。改善投资环境，对外商投资实行国民待遇，提高法规和政策透明度。实施"走出去"战略是对外开放新阶段的重大举措。鼓励和支持有比较优势的各种所有制企业对外投资，带动商品和劳务出口，形成一批有实力的跨国企业和

2001 年 11 月，世界贸易组织第四届部长级会议在卡塔尔首都多哈举行，会议审议通过关于中国加入世界贸易组织的决定。图为 11 月 11 日，中国政府代表签署《中国加入世界贸易组织议定书》。

著名品牌。积极参与区域经济交流和合作。在扩大对外开放中，要十分注意维护国家经济安全。

六、中国共产党第十七次全国代表大会报告（2007 年）

（一）拓展对外开放广度和深度，提高开放型经济水平

坚持对外开放的基本国策，把"引进来"和"走出去"更好结合起来，扩大开放领域，优化开放结构，提高开放质量，完善内外联动、互利共赢、安全高效的开放型经济体系，形成经济全球化条件下参与国际经济合作和竞争新优势。深化沿海开放，加快内地开放，提升沿边开放，实现对内对外开放相互促进。加快转变外贸增长方式，立足以质取胜，调整进

出口结构，促进加工贸易转型升级，大力发展服务贸易。创新利用外资方式，优化利用外资结构，发挥利用外资在推动自主创新、产业升级、区域协调发展等方面的积极作用。

（二）加快提升中国企业的国际化水平

创新对外投资和合作方式，支持中国企业在研发、生产、销售等方面开展国际化经营，加快培育中国的跨国公司和国际知名品牌。积极开展国际能源资源互利合作。实施自由贸易区战略，加强双边多边经贸合作。采取综合措施促进国际收支基本平衡。注重防范国际经济风险。

七、中国共产党第十八次全国代表大会报告（2012 年）

（一）深化重要领域改革

改革开放是坚持和发展中国特色社会主义的必由之路。要始终把改革创新精神贯彻到治国理政各个环节，坚持社会主义市场经济的改革方向，坚持对外开放的基本国策，不断推进理论创新、制度创新、科技创新、文化创新以及其他各方面创新，不断推进中国社会主义制度自我完善和发展。

（二）实行更加积极主动的开放战略

适应经济全球化新形势，必须实行更加积极主动的开放战略，完善互利共赢、多元平衡、安全高效的开放型经济体系。要加快转变对外经济发展方式，推动开放朝着优化结构、拓展深度、提高效益方向转变。创新开放模式，促进沿海内陆沿边开放优势互补，形成引领国际经济合作和竞争的开放区域，培育带动区域发展的开放高地。坚持出口和进口并重，强化贸易政策和产业政策协调，形成以技术、品牌、质量、服务为核心的出口竞争新优势，促进加工贸易转型升级，发展服务贸易，推动对外贸易平衡发展。提高利用外资综合优势和总体效益，推动引资、引技、引智有机结合。加快"走出去"步伐，增强企业国际化经营能力，培育一批世界水平的跨国公司。统筹双边、多边、区域次区域开放合作，加快实施自由贸易区战略，推动同周边国家互联互通。提高抵御国际经济风险能力。

八、中国共产党第十九次全国代表大会报告（2017 年）

（一）坚持全面深化改革

只有社会主义才能救中国，只有改革开放才能发展中国、发展社会主义、发展马克思主义。必须坚持和完善中国特色社会主义制度，不断推进国家治理体系和治理能力现代化，坚决破除一切不合时宜的思想观念和体制机制弊端，突破利益固化的藩篱，吸收人类文明有益成果，构建系统完备、科学规范、运行有效的制度体系，充分发挥中国社会主义制度优越性。

（二）推动形成全面开放新格局

开放带来进步，封闭必然落后。中国开放的大门不会关闭，只会越开越大。中国将以"一带一路"建设为重点，坚持引进来和走出去并重，遵循共商共建共享原则，加强创新能力开放合作，形成陆海内外联动、东西双向互济的开放格局。拓展对外贸易，培育贸易新业态新模式，推进贸易强国建设。实行高水平的贸易和投资自由化便利化政策，全面实行准入前国民待遇加负面清单管理制度，大幅度放宽市场准入，扩大服务业对外开放，保护外商投资合法权益。凡是在中国境内注册的企业，都要一视同仁、平等对待。优化区域开放布局，加大西部开放力度。赋予自由贸易试验区更大改革自主权，探索建设自由贸易港。创新对外投资方式，促进国际产能合作，形成面向全球的贸易、投融资、生产、服务网络，加快培育国际经济合作和竞争新优势。

九、中国共产党第二十次全国代表大会报告（2022 年）

中共二十大报告指出，要坚持深化改革开放，深入推进改革创新，坚定不移扩大开放，着力破解深层次体制机制障碍，不断彰显中国特色社会主义制度优势，不断增强社会主义现代化建设的动力和活力，把国家制度优势更好转化为国家治理效能。

2022 年 10 月，中国共产党第二十次全国代表大会在北京召开。

发展是中国共产党执政兴国的第一要务。必须完整、准确、全面贯彻新发展理念，坚持社会主义市场经济改革方向，坚持高水平对外开放，加快构建以国内大循环为主体、国内国际双循环相互促进的新发展格局。要坚持以推动高质量发展为主题，把实施扩大内需战略同深化供给侧结构性改革有机结合起来，增强国内大循环内生动力和可靠性，提升国际循环质量和水平，加快建设现代化经济体系，着力提高全要素生产率，着力提升产业链供应链韧性和安全水平，着力推进城乡融合和区域协调发展，推动经济实现质的有效提升和量的合理增长。

（一）构建高水平社会主义市场经济体制

坚持和完善社会主义基本经济制度，巩固和发展公有制经济，鼓励、支持、引导非公有制经济发展，充分发挥市场在资源配置中的决定性作用，更好发挥政府作用。深化国资国企改革，加快国有经济布局优化和结构调整，推动国有资本和国有企业做强做优做大，提升企业核心竞争力。优化民营企业发展环境，依法保护民营企业产权和企业家权益，促进民营经济发展壮大。完善中国特色现代企业制度，弘扬企业家精神，加快建设世界一流企业。支持中小微企业发展。深化简政放权、放管结合、优化服务改革。构建全国统一大市场，深化要素市场化改革，建设高标准市场体系。完善产权保护、市场准入、公平竞争、社会信用等市场经济基础制度，优化营商环境。健全宏观经济治理体系，发挥国家发展规划的战略导向作用，加强财政政策和货币政策协调配合，着力扩大内需，增强消费对经济发展的基础性作用和投资对优化供给结构的关键作用。

（二）推进高水平对外开放

依托中国超大规模市场优势，以国内大循环吸引全球资源要素，增强国内国际两个市场两种资源联动效应，提升贸易投资合作质量和水平。稳步扩大规则、规制、管理、标准等制度型开放。推动货物贸易优化升级，创新服务贸易发展机制，发展数字贸易，加快建设贸易强国。合理缩减外资准入负面清单，依法保护外商投资权益，营造市场化、法治化、国际化一流营商环境。推动共建"一带一路"高质量发展。优化区域开放布局，巩固东部沿海地区开放先导地位，提高中西部和东北地区开放水平。加快建设西部陆海新通道。加快建设海南自由贸易港，实施自由贸易试验区提升战略，扩大面向全球的高标准自由贸易区网络。有序推进人民币国际化。深度参与全球产业分工和合作，维护多元稳定的国际经济格局和经贸关系。

第二节
改革开放的政策历程

1978 年 12 月，中共十一届三中全会举行。邓小平在全会前召开的中央工作会议闭幕会上作《解放思想，实事求是，团结一致向前看》的主题报告。全会批判了"两个凡是"的错误方针，充分肯定了必须完整地、准确地掌握毛泽东思想的科学体系，高度评价关于实践是检验真理的唯一标准问题的讨论；果断停止"以阶级斗争为纲"的错误路线，作出把党和国家工作重心转移到经济建设上来、实行改革开放的历史性决策。全会标志着中国共产党重新确立了马克思主义的思想路线、政治路线和组织路线，实现了新中国成立以来党的历史上具有深远意义的伟大转折，开启了中国改革开放和社会主义现代化建设历史新时期。

此后，改革开放作为基本国策得到贯彻落实。在不同时期，中国采取了不同政策措施，支持、引导改革开放走向深入。

表1 中国改革开放主要历程回顾

年份	重要事件
1979	7月1日，五届全国人大二次会议通过《中华人民共和国中外合资经营企业法》。 7月15日，中共中央、国务院批转广东省委、福建省委关于对外经济活动实行特殊政策和灵活措施的两个报告，同意在深圳、珠海、汕头和厦门试办出口特区。1980年5月，出口特区改称为经济特区。
1980	4月17日，中国恢复在国际货币基金组织的合法席位。 5月15日，中国恢复在世界银行的合法席位。 9月10日，五届全国人大三次会议通过《中华人民共和国中外合资经营企业所得税法》。
1984	3月12日，六届全国人大常委会第四次会议通过《中华人民共和国专利法》。 5月4日，中共中央、国务院决定进一步开放天津、上海、大连、秦皇岛、烟台、青岛、连云港、南通、宁波、温州、福州、广州、湛江和北海等14个沿海港口城市，并提出逐步兴办经济技术开发区。 10月20日，中共十二届三中全会通过《关于经济体制改革的决定》，规定以城市为重点的经济体制改革的任务、性质和各项方针政策；提出社会主义经济是公有制基础上的有计划的商品经济。
1985	2月18日，中共中央、国务院决定在长江三角洲、珠江三角洲和厦漳泉三角地区开辟沿海经济开放区。 4月1日，中国开始实行出口退税制度。
1986	4月12日，六届全国人大四次会议通过《中华人民共和国外资企业法》。 10月11日，国务院发布《关于鼓励外商投资的规定》，鼓励外国投资者在中国境内举办中外合资经营企业、中外合作经营企业和外资企业。 12月5日，国务院发布《关于深化企业改革增强企业活力的若干规定》，指出全民所有制小型企业可积极试行租赁、承包经营，全民所有制大中型企业要实行多种形式的经营责任制，各地可以选择少数有条件的全民所有制大中型企业进行股份制试点。

1987	12月1日，深圳经济特区启动全国首次国有土地使用权拍卖。
1988	3月18日，国务院发出《关于扩大沿海经济开放区范围的通知》，决定新划入沿海开放区140个市、县,包括杭州、南京、沈阳3个省会城市。此后，国务院又相继决定开放了一批沿江、沿边、内陆和省会城市，形成了多层次、多渠道、全方位开放格局。 3月25日—4月13日，七届全国人大一次会议通过宪法修正案，将"国家允许私营经济在法律规定的范围内存在和发展。私营经济是社会主义公有制经济的补充。国家保护私营经济的合法的权利和利益，对私营经济实行引导、监督和管理"以及"土地的使用权可以依照法律的规定转让"等规定载入宪法；通过《中华人民共和国中外合作经营企业法》等；决定设立海南省、建立海南经济特区。
1990	4月12日，中共中央政治局会议原则通过国务院提交的浦东开发开放方案。
1991	3月6日，国务院发出《关于批准国家高新技术产业开发区和有关政策规定的通知》，决定继1988年批准北京市新技术产业开发试验区之后，在各地已建立的高新技术产业开发区中，再选定武汉东湖新技术开发区等26个开发区作为国家高新技术产业开发区。
1992	1月18日—2月21日，邓小平视察武昌、深圳、珠海、上海等地并发表谈话，明确回答长期困扰和束缚人们思想的许多重大认识问题。这次谈话是把改革开放和现代化建设推进到新阶段的又一个解放思想、实事求是的宣言书。 6月16日，中共中央、国务院作出《关于加快发展第三产业的决定》，指出加快发展第三产业的目标是：争取用10年左右或更长一些时间，逐步建立起适合中国国情的社会主义统一市场体系、城乡社会化综合服务体系和社会保障体系。

1993	11月14日，中共十四届三中全会通过《关于建立社会主义市场经济体制若干问题的决定》，指出社会主义市场经济体制是同社会主义基本制度结合在一起的，建立社会主义市场经济体制，就是要使市场在国家宏观调控下对资源配置起基础性作用。
1994	1月11日，国务院作出《关于进一步深化对外贸易体制改革的决定》，指出中国外贸体制改革的目标是：统一政策、放开经营、平等竞争、自负盈亏、工贸结合、推行代理制，建立适应国际经济通行规则的运行机制。3月25日，国务院常务会议通过《中国21世纪议程》，确定实施可持续发展战略。
2001	11月10日，在卡塔尔首都多哈举行的世界贸易组织第四届部长级会议以全体协商一致的方式，审议并通过中国加入世界贸易组织的决定。12月11日，中国正式成为世界贸易组织成员，中国对外开放进入新的阶段。
2004	1月31日，国务院印发《关于推进资本市场改革开放和稳定发展的若干意见》。 7月21日，经国务院批准，中国人民银行宣布：自当日起，中国开始实行以市场供求为基础、参考一篮子货币进行调节、有管理的浮动汇率制度。人民币汇率形成更富弹性的汇率机制。
2008	9月，由2007年美国次贷危机引发的国际金融危机全面爆发。10月7日，中共中央政治局常委会会议专题听取有关国际金融危机情况和应采取应对措施的汇报。11月5日，国务院召开常务会议，研究部署进一步扩大内需促进经济平稳较快增长的措施。12月8—10日，中央经济工作会议提出，必须把扩大内需作为保增长的根本途径，把加快发展方式转变和结构调整作为保增长的主攻方向，把深化重点领域和关键环节改革、提高对外开放水平作为保增长的强大动力，把改善民生作为保增长的出发点和落脚点。 12月31日，国务院批复《珠江三角洲地区改革发展规划纲要（2008—2020年）》，指出要在促进环珠三角和泛珠三角区域的经济发展、推进粤港澳三地更加紧密合作、保持港澳地区长期繁荣稳定、参与亚太地区区域合作和全球经济竞争等方面进一步发挥辐射带动作用和先行示范作用。

2009	4月8日，国务院常务会议决定在上海市和广东省广州、深圳、珠海、东莞4城市开展跨境贸易人民币结算试点。至2011年8月，跨境贸易人民币结算境内地域范围扩大至全国。 12月31日，国务院印发《关于推进海南国际旅游岛建设发展的若干意见》。
2010	1月1日，中国—东盟自由贸易区正式全面启动。在此前后，中国还相继与智利、冰岛、瑞士、韩国、澳大利亚、格鲁吉亚等签署自贸协定。2015年12月6日，国务院印发《关于加快实施自由贸易区战略的若干意见》。 2010年，中国国内生产总值达到40万亿元，成为世界第二大经济体。
2012	12月7—11日，习近平在广东考察工作期间讲话指出，中国改革已经进入攻坚期和深水区，我们必须以更大的政治勇气和智慧，不失时机深化重要领域改革。
2013	8月17日，国务院正式批准设立中国（上海）自由贸易试验区。此后，自贸试验区试点由上海逐步扩大至广东、天津、福建、辽宁、浙江、河南、湖北、重庆、四川、陕西、海南等地。 9月7日、10月3日，习近平分别在哈萨克斯坦纳扎尔巴耶夫大学、印度尼西亚国会发表演讲，先后提出共同建设"丝绸之路经济带"与"21世纪海上丝绸之路"，即"一带一路"倡议。 12月30日，中共中央政治局会议决定成立中央全面深化改革领导小组，负责改革的总体设计、统筹协调、整体推进、督促落实。2018年3月，中央全面深化改革领导小组改名为中央全面深化改革委员会。 2013年，中国成为世界第一货物贸易大国，货物进出口总额为4.16万亿美元，其中出口额2.21万亿美元，进口额1.95万亿美元。
2014	11月11日，亚太经合组织第二十二次领导人非正式会议在北京举行。会议决定启动亚太自由贸易区（FTAAP）进程。 12月2日，中共中央、国务院印发《丝绸之路经济带和21世纪海上丝绸之路建设战略规划》。2015年3月28日，经国务院授权，国家发展改革委、外交部、商务部联合发布《推动共建丝绸之路经济带和21世纪海上丝绸之路的愿景与行动》。

2015	3月7日，国务院批复设立中国（杭州）跨境电子商务综合试验区。5月4日，国务院印发《关于大力发展电子商务加快培育经济新动力的意见》。2016年1月、2018年7月，国务院先后批复在天津、北京等34个城市设立跨境电子商务综合试验区。 5月13日，国务院印发《关于推进国际产能和装备制造合作的指导意见》，指出要充分发挥企业市场主体作用，坚持以市场为导向，按照商业原则和国际惯例，积极开展国际产能和装备制造合作。 5月13日，习近平在中共十八届五中全会第二次全体会议上阐述新发展理念，强调坚持创新发展、协调发展、绿色发展、开放发展、共享发展，是关系中国发展全局的一场深刻变革。 2015年，中国对外直接投资流量为1456.7亿美元，实际利用外资1356亿美元，对外投资首超吸引外资，首次成为资本净输出国。 2015年，中国第三产业增加值比重为50.5%，首次突破50%。
2016	3月23日，澜沧江—湄公河合作首次领导人会议在海南三亚举行，正式启动澜湄合作机制。 9月3日，十二届全国人大常委会第二十二次会议通过《关于修改〈中华人民共和国外资企业法〉等四部法律的决定》，探索对外商投资实行准入前国民待遇加负面清单的管理模式，对不涉及国家规定准入特别管理措施的外商投资企业设立及变更的事项，由逐案审批制改为备案制管理。外资管理体制实现重大变革。 9月4日至5日，以"构建创新、活力、联动、包容的世界经济"为主题的二十国集团领导人第十一次峰会在杭州举行。 10月1日，人民币正式加入国际货币基金组织特别提款权货币篮子。
2017	1月12日，国务院发出《关于扩大对外开放积极利用外资若干措施的通知》。2017年8月8日、2018年6月10日，又相继发出《关于促进外资增长若干措施的通知》《关于积极有效利用外资推动经济高质量发展若干措施的通知》。 5月14—15日，首届"一带一路"国际合作高峰论坛在北京举行。

2018	4月11日，中共中央、国务院印发《关于支持海南全面深化改革开放的指导意见》，赋予海南经济特区改革开放新使命，建设自由贸易试验区和中国特色自由贸易港。 11月5—10日，首届中国国际进口博览会在上海举行。中国国际进口博览会是世界上第一个以进口为主题的国家级展会，是中国推动建设开放型世界经济、支持经济全球化的实际行动。
2019	3月15日，十三届全国人大二次会议表决通过《中华人民共和国外商投资法》，自2020年1月1日起施行。
2020	6月1日，中共中央、国务院印发的《海南自由贸易港建设总体方案》对外公布，中国特色自由贸易港启航。 10月14日和11月12日，习近平总书记分别出席深圳经济特区建立40周年庆祝大会、浦东开发开放30周年庆祝大会并发表重要讲话，表明在更高起点上推进改革开放的坚定决心。
2021	7月1日，中国向世界宣布全面建成小康社会，中国正式迈入全面建设社会主义现代化国家的新发展阶段。 11月1日，中国正式申请加入《数字经济伙伴关系协定》。 12月27日，商务部发布《外商投资准入特别管理措施(负面清单)(2021年版)》和《自由贸易试验区外商投资准入特别管理措施（负面清单）（2021年版）》。这是中国连续第五年缩减全国和自贸试验区外资准入负面清单。
2022	3月25日，中共中央、国务院印发《关于加快建设全国统一大市场的意见》，提出加快建设高效规范、公平竞争、充分开放的全国统一大市场。 5月9日，商务部、国家发改委、财政部等14部门印发《关于开展内外贸一体化试点的通知》，希望力争用3年时间，建立健全促进内外贸一体化发展的体制机制，为促进内外贸融合发展发挥示范带动作用。

资料来源：根据《改革开放四十年大事记》整理（中央党史和文献研究院：《改革开放四十年大事记》，北京：人民出版社，2018年），以及作者自行整理。

第三节
改革开放的历史逻辑

　　中国实施改革开放有着深刻复杂的历史背景。在国内，1966—1976年的"文化大革命"，使新中国遭受1949年成立以来最严重的挫折和损失。"文革"结束后的中国，急需一场拨乱反正的变革来纠正过去的错误，让全民族重拾信心、看到希望。从双边关系上看，1978年底和1979年初，作为党的第二代中央领导集体的核心，邓小平相继访问日本和美国。这两次访问使邓小平深化了对中国与世界先进工业和科技水平差距悬殊的判断，更坚定了打开国门搞建设的决心。从全球局势上看，1979年12月苏联入侵占领阿富汗，美苏争霸进入白热化阶段。可以说，正是内部与外部纷繁复杂的大变局，促使当时的中国领导核心认真思考国家未来的发展方向。审时度势之后，他们最终决心推动改革开放，让中国融入经济全球化。[①]

[①]　本节内容选自：张宇燕，《中国对外开放的理念、进程与逻辑》，《中国社会科学》2018年第11期，第31—33页。

改革开放之初的中国，基本处于一种通过计划配置资源或要素、多重限制基于自愿契约的交易、严重挤压市场规模的状态，而改革开放正是要摆脱这种状态，并让社会主义中国通过全面引入市场机制来融入经济全球化的世界。从国内环境来看，一方面改革开放的决策者们已甩掉历史包袱且拥有足够的政治资源，另一方面政府面临较大财政压力，充分就业难以实现，民众生活水平很低。从国际环境来看，中国已成为美苏两霸争取的"第三极"力量，而其他计划经济体制国家大多开始改革并有所进展，东亚国家的开放经济模式取得成功。在此背景下，为了尽快摆脱困境，推动经济回归正轨并保持长期稳定快速增长，中国主动开启对外开放的大门亦是水到渠成之事。

亚洲开放经济体的成功经验对中国开启改革开放之门也起到了关键作用。基于日本棉纺工业的发展史，日本经济学家赤松要于1932年提出了"雁形模式理论"。该理论依据技术差距论，认为后起国可以通过从创新国引进先进技术，在国内生产加工，推动产品出口这一循环，实现自身产业结构的工业化、重工业化和高度加工化；而先期模仿国也可通过与后进模仿国发展贸易，来形成与创新国相对应的贸易产业链格局，进而带动本国经济的快速发展。20世纪60年代，以"亚洲四小龙"为代表的新兴工业经济体紧随日本这一"领头雁"，积极推行外向型经济发展模式，深度参与国际分工，重点发展劳动密集型加工产业，在较短时期内实现了经济飞跃式发展，顺利跨越"中等收入陷阱"，为中国推行改革开放提供了有益的现实借鉴。总结这些经济体的成功发展经验可知，对外开放是实现快速发展的一个关键性先决条件。对外开放与较高储蓄率、鼓励出口、吸引外资以及先进技术与管理、重视人力资本投资等因素共同作用，推动了经济增长。

十一届三中全会召开以后，以邓小平同志为核心的党的第二代中央

1979 年 7 月，《中外合资经营企业法》正式施行，中国各地兴起了引进外资和兴办"三资"企业（指中外合资经营企业、中外合作经营企业、外商独资经营企业三类外商投资企业）的热潮。图为 1980 年 4 月，改革开放后第一家中外合资企业——北京航空食品有限公司成立。

领导集体逐渐形成。① 基于当时世界经济与政治的重大变化，邓小平敏锐地洞察到时代的主题已经开始由战争与革命转变为和平与发展。他先是提出"在较长时间内不发生大规模的世界战争是有可能的"②，后来，他又作出和平和发展是当代世界的两大主题的论断。③ 基于这些科学研判，中共中央决定将全国工作重点转移到经济建设上来，确立了对内搞

---

① 参见中共中央文献研究室编：《邓小平年谱（1975—1997）》（下），北京：中央文献出版社，2004 年，第 1295 页。

② 《邓小平文选》第三卷，北京：人民出版社，1993 年，第 127 页。

③ 参见《邓小平文选》第三卷，北京：人民出版社，1993 年，第 96、104 页。

活经济、对外实行开放的政策。[1]1982 年，中共十二大报告明确指出，实行对外开放是中国坚定不移的战略方针。对外开放符合时代主题和世界发展大势，成为中国现代化建设的必然选择和必须长期坚持的一项基本国策。

与中国共产党的其他重大理论方针政策一样，对外开放具有与时俱进的理论品质，其内涵在历次重要会议中得以不断丰富和完善。中共十三大报告提出，进一步扩大对外开放的广度和深度，不断发展对外经济技术交流与合作。中共十四届三中全会提出要充分利用国际国内两个市场、两种资源，优化资源配置，发展开放型经济。中共十五大报告提出，完善全方位、多层次、宽领域的对外开放格局，发展开放型经济。中共十六大报告指出，未来五年开放型经济发展的重点是坚持"引进来"和"走出去"相结合。中共十七大报告指出中国开放型经济进入新阶段，并首次提出"开放型经济体系"。2008 年，以美国、欧洲等发达经济体为策源地和重灾区的国际金融危机爆发后，中国等新兴经济体在全球治理舞台上的角色凸显。2008 年 11 月，中国在二十国集团领导人峰会上提出包括推动国际金融组织改革、改善国际货币体系等在内的重要改革举措。[2]这意味着以中国为代表的新兴经济体不再是既有国际体系的被动融入者和适应者，而开始成为更加主动的参与者和完善者。

中共十八大提出，要全面提高开放型经济水平。适应经济全球化新形势，必须实行更加积极主动的开放战略，完善互利共赢、多元平衡、安全高效的开放型经济体系。习近平总书记进一步指出，"中国将在更大范围、更宽领域、更深层次上提高开放型经济水平"，"坚定维护和发展开放型世界经济"。[3]中共十九大将对外开放提升至新的高度，提

---

① 参见《邓小平文选》第三卷，北京：人民出版社，1993 年，第 135、237 页。
② 参见《胡锦涛文选》第三卷，北京：人民出版社，2016 年，第 139 页。
③ 《习近平谈治国理政》，北京：外文出版社，2014 年，第 114、335 页。

2018 年 11 月，第一届中国国际进口博览会在上海举行。这是中国第一个以进口为主题的国家级博览会，是中国主动向世界开放市场的重大举措，向世界展示了中国持续扩大开放的决心和信心。

出必须坚定不移贯彻创新、协调、绿色、开放、共享的发展理念，发展更高层次的开放型经济，推动形成全面开放新格局。这反映了中共十八大以来，中国开始以更加主动积极的姿态，引领全球开放经济体系的建设和全球治理体系的改革。总结改革开放政策的演变历程不难发现，中国的对外开放贯穿国民经济发展的各个时期，始终保持着旺盛的生命力和活力，并逐步形成主动性更强且具有自身特色的开放型理论体系。

在中共十八届五中全会第二次全体会议上，习近平总书记剖析了当前国家发展中的突出矛盾和问题，主要包括创新、协调、绿色、开放、共享等五大方面的内容。[①]这些矛盾和问题，已经成为掣肘中国经济由"高

---

① 参见《习近平谈治国理政》第二卷，北京：外文出版社，2017 年，第 197—200 页。

速增长"向"高质量发展"转变的主要障碍。正是基于这些判断，中国大力推动创新发展、协调发展、绿色发展、开放发展、共享发展，并以此作为实现中华民族伟大复兴中国梦的现实路径。

在上述"五大发展"之中，开放发展具有明显的系统重要性。作为创新发展基本内容之一的科技创新，既涉及自主研发，也涉及充分运用人类社会创造的先进科学技术成果和有益管理经验。在一个国家间相互依存度达到史无前例之高度的世界里，没有与外部世界的良性互动就不可能有内部的协调发展。当气候变化等全球问题频繁且日益严重地影响人类生存的时候，绿色发展本身就是一个需要世界各国采取共同行动加以应对的议题。发展的终极目标是每一个人的发展，发展的成果也应当由各国人民一起分享。

这里特别值得强调的一点是，对作为中国社会主义市场经济体制基石之一的财产权保护的认识，同样经历了漫长的过程。改革开放前夕，邓小平就已经注意到保护生产者积极性的重要性，并对那种"说什么养几只鸭子就是社会主义，多养几只就是资本主义"的观点进行了批评。[①]但从保护生产者积极性到建立比较完善的产权制度和市场机制并严格高效地执行，并非一蹴而就。中共十二大报告在强调"中国在公有制基础上实行计划经济"的同时提出了"计划经济为主、市场调节为辅"的原则。[②]中共十二届三中全会提出"发展社会主义商品经济"。[③]1992年初，

---

① 中共中央文献研究室编：《邓小平年谱（1975—1997）》（上），北京：中央文献出版社，2004年，第238页。

② 胡耀邦：《全面开创社会主义现代化建设的新局面——在中国共产党第十二次全国代表大会上的报告》，《十二大以来重要文献选编》（上），北京：人民出版社，1986年，第22页。

③ 中共中央文献研究室编：《改革开放三十年重要文献选编》（上），北京：中央文献出版社，2008年，第349页。

邓小平提出资本主义也有计划、社会主义也有市场的重要论断。[①]这一论断打破了阻碍市场在资源配置中发挥主导作用的思想桎梏。其后,中共十四大报告明确提出"建立社会主义市场经济体制"。[②]2004年,《中华人民共和国宪法修正案》明确规定,"公民的合法的私有财产不受侵犯"。2007年,中国第一部《物权法》正式实施。从中共十二大肯定"市场调节"的作用到《物权法》实施,历时25年。

---

① 参见《邓小平文选》第三卷,北京:人民出版社,1993年,第373页。

② 《江泽民文选》第一卷,北京:人民出版社,2006年,第228页。

第四节
来自发展经济学的解释：
得益于贸易、制度完善与技术进步的增长

改革开放40多年来，中国经济发展的成就可谓举世瞩目。40多年前，改革开放的总设计师邓小平开宗明义，把改革开放的目标定位为解放生产力和发展生产力。如果用经济学语言加以表述，邓小平强调的解放生产力和发展生产力，就是促进和维持经济的长期增长，准确说是保证人均产出或人均收入的稳定快速持续增长。如何维持经济长期增长，自经济学产生伊始便成为一个永恒的核心问题。如果从中国改革开放的实践来看，其高速经济增长得益于市场规模的扩大和分工与专业化水平的提升。中国巨大的国内市场是世界市场的重要组成部分，而公共部门与私人部门的创造性活动在中国内外市场扩大和交易费用降低的过程中发挥了重要的作用。市场规模、政府治理能力及企业家精神对于提升劳动生产率并实现长期经济增长至关重要。

推动经济增长的主要动力来自劳动与资本投入、消费需求和出口。这些因素均对经济增长有直接的拉动作用，然而它们都只是表层原因，因为经济增长说到底是劳动生产率提高的结果，而劳动生产率的提高大

致有三种相互关联的源泉。①

生产率提高的第一个源泉是"得自贸易的收益"。其中的道理，亚当·斯密在《国富论》中说得十分清楚：即使没有技术进步和人力资本积累，一个国家、企业或个人只要把生产要素集中于那些最具优势的对象上，那么仅仅由于要素的重新配置或流动，就可以导致整体劳动生产率的提高。要素流动的一个重要后果是专业化生产的规模扩大，规模收益或规模经济的出现便水到渠成。要素配置效率的提高是有条件的，就是必须保证交易的顺畅进行，同时也要有足够大的市场规模来容纳分工和专业化。恰恰是在这个意义上，要素流动收益等价于"得自贸易的收益"。

生产率提高的第二个源泉是制度创新。制度创新体现在规则或机制的设计、演化、改革、扬弃和执行等诸多方面，比如法律的废立、政府放松管制、倡导移风易俗。制度的基本功能在于保障财产权利、维护契约，同时促使承担这项功能的政府最有效和最公正地完成自身使命。适宜制度的特征表现在为社会提供一套好的激励机制，帮助人们在交往过程中形成稳定预期，进而降低交易成本。显然，无论是改进激励机制还是降低交易成本，均有助于扩大来自贸易的收益和拓展来自技术进步的好处。

生产率得以提高的第三个源泉是技术进步和人力资本积累。技术进步特别是围绕技术进步发生的创新，对生产率提升的积极贡献比较直观。熊彼特在《经济发展理论》一书中讨论了创新的五种形式，其中包括技术、工艺和产品的创新，并特别突出了企业家在创新过程中的关键作用。

上述三个经济增长之"源泉"绝非独立存在，在通常情况下它们交

---

① 张宇燕：《经济增长源泉与中华民族复兴》，《世界经济与政治》2013 年第 1 期，第 1 页。

又重叠，彼此互动。有效的激励机制促进科技发明和深化分工，新技术成果又会降低交易成本和扩大市场规模。将经济增长的深层原因分解后加以讨论，一方面是为了理论分析的深化，另一方面也是为了提高政策制定的针对性。对处于不同经济成长期的国家而言，"源泉"扮演的角色亦会有所区别。

一、"淮南子—司马迁定理"与斯密定理

对外开放促进经济社会进步和国家繁荣发展，这是被古今中外的发展实践所证明的深刻道理。马克思曾明确地把国际经济关系列入政治经济学的研究框架之中。在讨论政治经济学方法与体系时，他写道："……（4）生产的国际关系。国际分工。国际交换。输出和输入。汇率。（5）世界市场和危机。"[①]根据马克思主义政治经济学思想，技术进步和生产力发展必然带来分工的深化和交换的扩大，而分工的深化又会促进生产效率的提高，进而推进国民经济的发展，并深刻地影响世界经济。[②]

中国对外开放实践与中国传统的贸易思想高度吻合。早在2000多年前，中国的思想家、历史学家便对自由贸易与经济繁荣之间的关系持有深邃见解。司马迁在《史记·货殖列传》中有"以所多易所鲜"之说。[③]《淮南子·齐俗训》则进一步提出："泽皋织网，陵阪耕田，得以所有易所无，以所工易所拙。"[④]司马迁所谈"货殖"，即为现代经济学中的收益或增长。"以所多易所鲜""以所有易所无""以所工易所拙"，

---

① 《马克思恩格斯选集》第2卷，北京：人民出版社，2012年，第709页。
② 参见裴长洪、刘洪愧：《习近平新时代对外开放思想的经济学分析》，《经济研究》2018年第2期。
③ 《史记》第10册，北京：中华书局，1959年，第3262页。
④ 《淮南子》，顾迁译注，北京：中华书局，2009年，第179页。

可谓中国古代贸易思想的精髓，它们言简意赅地点明了经济增长的根本源泉之一是贸易。据此，我们可称之为"淮南子—司马迁定理"。经由"易"（即交换）来获取贸易收益与经济发展的典型事例，还有诸如"因地制宜""扬长避短""互通有无"等。回顾中华文明数千年历史，不难发现，那些采取了符合"淮南子—司马迁定理"的经济政策的时期，往往经济繁荣、社会安定。

"淮南子—司马迁定理"虽然出现在 2000 多年之前，但已经凝练地包含了现代开放经济基本原理，特别是贸易理论中的三大理论。[①] 亚当·斯密在其传世之作《国民财富的性质和原因的研究》[②]（又名《国富论》）中着重讨论了一国繁荣发展的逻辑。他研究的两个最为基本的问题是：国民财富究竟从哪里来，财富的本质是什么。这两个问题归结为一点，便是经济增长之源泉及其实现条件。

斯密认为，市场规模扩大引发了分工和专业化程度的加强。作为最重要的生产要素，人的数量上的增加实际上就等同于市场规模的扩大。在这一过程中，技术进步其实就是分工和专业化的一个派生结果。

人口增加带来市场规模扩大，促进分工和专业化，关键点在于，市场规模扩大将会催生或增加潜在的"得自贸易的收益"。只要两个人（这可以轻易地拓展到两个企业或两个国家）在生产相同的两种商品时劳动生产率不等，他们各自只生产劳动生产率相对高的商品并彼此交换，其获得的两种商品的总量均会大于他们同时生产两种商品时的总量。在此分工和专业化生产过程中双方多获得的商品量，便是经济学家最为关注的"得自贸易的收益"。随着人数的增加，人们之间潜在的"得自贸易的收益"就会随之增加甚至会更高比例地增加，从而"诱致"出分工和

---

① 张宇燕：《中国对外开放的理念、进程与逻辑》，《中国社会科学》2018 年第 11 期，第 37 页。

② 亚当·斯密：《国民财富的性质和原因的研究》，郭大力、王亚南译，北京：商务印书馆，1972 年。

1979 年 4 月,《关于大力发展对外贸易增加外汇收入若干问题的规定》出台, 过去由国家垄断外贸经营的坚冰开始打破, 中国对外贸易迎来历史性发展。图为 1978 年外商在秋季中国出口商品交易会上订购中国瓷器。

专业化, 并最终推动经济增长。

除了参与分工与交易过程中的人数多寡, 市场规模也与该区域内人口的富裕程度相关。人口购买力大小, 特别是创造财富能力的大小, 亦直接影响到市场规模。人口越是富足, 越具有生产性, 可交易财富就被创造得越多, "得自贸易的收益"就随之增加, 市场规模也就越大。

影响市场规模扩大的因素有五个, 分别是: 参与交易的人口数量增多; 参与者创造财富能力增强; 可交易对象范围扩大; 货币化程度加深; 有效制度安排之覆盖面的拓展和执行力的提高。这五个因素相辅相成, 共同影响市场规模的扩大。从地理或空间的意义上看, 对一国或地区而言, 市场规模的扩大又可以有两种路径, 一是扩大国内市场规模, 二是扩大国际市场规模。

二、制度创新：得自制度完善的收益

市场规模与分工和专业化之间因果关系的确立，即"得自贸易的收益"的最终实现，取决于把市场规模和分工与专业化连接起来的交易。

如果不存在交易或交换，分工和专业化的后果会非常严重，造成一面是大量生产的积累，另一面是需求得不到满足。更深一步看，交易还包括保证交易的制度条件。商品和服务的可交易性，构成了分工和专业化的必要条件，而且只要市场规模足够大，其可交易性就同时构成了分工和专业化的实现条件。同时，交易又有即时交易和未来交易之分。一旦商品或服务的实际"易手"是在一段时间以后发生的，契约便出现了。考虑到借贷现象和延迟支付等期货买卖如此普遍，契约的重要性是无以复加的，它几乎可以成为交易的等价物，或者说，可交易性经常是由契约来最终表现的。总之，可交易性在这里扮演了贯通市场规模和劳动分工的角色。不存在可交易性，市场规模扩大所带来的潜在比较利益便无法催生分工和专业化，从而也失去了经济学意义上的存在价值。而保证可交易性本身也是有成本的，这个成本将计入交易成本中，过高的交易成本将使许多交易变得无利可图。

更广义地看，制度（既包括契约、法律等正式制度，也包括风俗习惯等非正式制度）是影响交易成本高低的关键因素。制度是否有效，主要体现在能否降低交易成本，尤其是单位交易的边际成本上。具体来说，有效制度至少可以从三个方面降低交易成本。

首先，有效制度可以为交易提供合法性，为交易者提供稳定的预期，降低市场环境中的交易成本。例如，在实行改革开放，确定"包产到户"制度之前，以居民户为单位进行生产并在集市上交易剩余产品是一种非法行为。交易者虽然能从中获得利益（有时候这些利益决定了一家人能否获得起码的生活资料），但一旦被发现就可能被抓"走资本主义道路"的现行，从而面临严厉惩罚。这种环境下，交易费用极高，生产和交易都只能是偶发的、非常态的，其规模十分有限。只有通过制度将相关交易行为合法化，才能形成稳定的市场，这些交易的规模才能不断扩大。

其次，有效制度可以通过为交易提供通用的标准和规范来降低交易成本。例如，许多政府间和非政府组织（如联合国贸发大会、联合国欧洲经济委员会、世界海关组织、国际商会、经济合作与发展组织、国际货币基金组织和世界银行等）大力推行的贸易便利化，即是要通过简化和标准化与贸易有关的程序，降低贸易过程的复杂性，从而降低国际贸易的成本，推动货物与服务更好地流通。

最后，有效制度可以向交易行为人提供激励，使其主动降低交易成本。例如，在人民公社化时期，生产资料甚至公社社员的劳动力都被"公有化"，但监督成本极高，劳动中普遍发生磨洋工、混工分、出工不出力、滥用劳动工具等现象，劳动力组织成本（或劳动力市场交易成本）非常高。改革开放之后，桎梏劳动力的制度被取缔，每个人的劳动力为其个人所掌握，人们开始注重提高效率。不仅如此，很多人还主动开始对人力资本进行投资，劳动力市场上更容易找到合格的劳动者，市场交易成本大大降低。

制度既有自发契约的一面，也有人为规则的一面，既可能成为有效制度，也可能濒于失灵状态。市场制度的质量，还需要外在于市场的一些条件来限定或保证。

在中国，制度创新成为释放经济增长潜能的重要手段。改革开放后，中国相继出台多部法律，将开展对外经济合作交往的规则以法律形式固定下来。《中华人民共和国中外合资经营企业法》（1979年）、《中华人民共和国中外合资经营企业所得税法》（1980年）、《中华人民共和国外资企业法》（1986年，于2016年修订）陆续出台，调动了市场参与

创建于 1982 年的浙江省义乌市小商品市场是中国最早的专业市场之一。义乌从马路市场起步，经过 30 多年发展，最终成为"世界超市"，数十万家中小企业从这里走向世界。图为第五代义乌小商品市场——国际商贸城。

主体的积极性。在财产权保护方面，中国在 1984 年通过了《中华人民共和国专利法》。该法的颁布保护了专利权人的合法权益，激励了专利权人发明创造积极性，促进了科学技术进步和经济社会发展。

自由主义者特别强调在财产权保护的前提下，由自发契约来实现资源配置。强调保护财产权自然是有其合理性的。作为分工和专业化前提的可交易性，其存在的制度条件正是财产权，包括财产权的界定、财产的保护和对契约的尊重。当财产归属不明确、财产可以被任意剥夺、契约可以被随便撕毁时，根本就不可能会有什么交易。财产权之所以重要，在于它为可交易性奠定了基础，在于它浓缩了人类的社会关系，从而成为人类生活中带有根本性的问题。

得到保护的财产权和受到尊重的契约还派生出两个相互促进的重要

功能：消除或减弱不确定性，为人类选择提供强有力的激励。如果辛勤劳动之成果的所有权归属总是含混不清，如果自我财产的安全性总是处于风雨飘摇之中，如果人们对未来缺乏较为稳定的预期，那么就不会有人真正关心财富的创造和积累，就不会有人真正努力去有效地配置稀缺资源。

保护财产权和监督契约执行的重任一定要由政府来承担，原因在于政府是强制力或暴力的合法垄断者和行使者，在于政府作为一种"公共"机构可能或能够比个人抱有更为中立和公正的态度，在于政府统治的辖区比私人的活动范围要宽广得多。然而，也正是因为拥有如此强大与广泛的垄断性权力，尤其是行使这些权力的又都是一些难免带有私心的个人，故政府也往往是个人财产和契约安全最大的潜在威胁。这其中颇有些"成也萧何，败也萧何"的味道。

考虑到机构设置、制度设计、组织协调、监督执行等事项，强化产权和保障契约的成本往往是很高的。实际上，人们通常所说的交易成本，其主要部分就体现于此。同时，交易成本的高低和市场规模的大小之间又是高度正相关的。在市场规模迅速扩大的过程中，交易成本的增加同样很快。一旦引入成本与收益概念，那就意味着以最小的投入寻求最大的产出。当政府无法在特定历史时期内保护所有人的财产权和契约权，或无法一视同仁地对不同人群实施同等强度的保护时，如何最有效地使用稀缺的"制度资源"以保护财产权和契约权，并且最终实现约束条件下的最大化经济增长之目标，便成为制度经济学家们关注的一个焦点。

在《权力与繁荣》一书中，曼瑟·奥尔森探讨了政府权力和经济增长之间的关系[①]。奥尔森的出发点是去挖掘阻碍经济增长，准确说是阻碍交易得以充分实现的深层次原因。在市场规模大体保持不变的情况下，

---

① 参见曼瑟·奥尔森：《权力与繁荣》，苏长和译，上海：上海人民出版社，2005年。

要解释各国或各经济体各异的繁荣程度之变化，人们只能从它们内部的交易障碍或交易束缚方面寻找答案。奥尔森指出，一国经济上的失败，主要在于没有满足下述两个必要且充分的增长条件：一是存在可靠且明确界定的财产权利和公正的契约执行权利；二是不存在任何形式的、主要来自政府的强取豪夺。

对于一个初始状态为与外界隔绝、资源或要素主要靠计划配置、建立在自愿契约基础上的交易受到多方限制、市场规模被严重挤压的巨型经济体而言，如果它的目标是通过扩大市场规模来实现经济长期快速增长，那么实现这一目标的最重要的手段在于保障财产权和尊重契约，并以此来促进交易和收获随分工及专业化而来的贸易收益。至于这一长期快速增长的历史进程的起始点所在，则主要取决于特定经济体"起飞"时的初始条件，特别是与当时的政府财政状况、国内利益集团格局和国际政治经济与安全环境等因素高度相关。

三、基于技术进步的创新

1912 年，熊彼特在《经济发展理论》一书中提出，增长的源泉来自创新，而从事创新活动的人便是企业家。具体说，创新表现为新工艺、新技术、新材料、新市场、新组织方式。任何一项创新的结果，都是新的生产要素和生产条件的重新组合。在整个过程中，企业家扮演着关键的角色，因为企业家的职能或定义就是实现创新的人。

强调创新和企业家特别是组合生产要素企业家的作用，将解释经济增长和周期问题的出发点聚焦于企业层面。企业家精神将在包含了市场与政府的各个环节中发挥其对增长的"加速""促稳""提质"作用，而不仅仅是在市场运作环节助力分工与专业化。

首先，企业家精神推动下的创新本身就包含了新市场的发现与创造，这直接意味着市场规模的扩大。例如，空气本来无所不在，谈不上稀缺，但是有企业家发现了一些城市空气污染严重造成"清洁空气"供应不足的商机，于是开发出制造清洁空气的机器或索性直接出售来自高品质空气来源地的新鲜空气罐头，使得可供交易的产品增多，从而创造了原本不存在的市场。

其次，工艺、技术或制度上的创新能够创造或放大潜在的"得自贸易的收益"。在航海技术取得长足进展之前，罗马和中国的贸易只能通过陆上丝绸之路来开展。罗马贵族对于来自东方的丝绸需求极大，但在当时的技术条件下，能够实现的贸易利益是非常有限的。直到唐代中期以后，航海技术有显著提高，人类克服海洋风险的能力有所增加，才有能力通过海上丝绸之路的远洋贸易，把双方得自贸易的潜在收益扩大并实现出来。[①]

再次，企业家精神在政府中的运用可以创造性地为交易者提供保护、降低交易费用、形成稳定预期，这些都促进了交易规模的扩大。企业家精神并不局限在企业家群体之中，任何具有强烈创新意识和创新能力的人或组织，都可以说拥有企业家精神。改革开放初期的"包产到户"合法化就是一个很好的例证。家庭联产承包责任制是中国农民的伟大创造。中共十一届三中全会以后，在解放思想、实事求是精神的鼓舞下，中国农民创造了以家庭承包为主要形式的包产到户、包干到户等生产责任制。1980年5月，邓小平对包产到户给予明确肯定，有力地推动了以家庭联产承包责任制为主要内容的农村改革。1980年9月，中央下发《关于进一步加强和完善农业生产责任制的几个问题》，肯定在生产队领导下实行的包产到户不会脱离社会主义轨道。从1982年到1984年，中央连续三

---

① 苏莱曼：《苏莱曼东游记》，刘半农译，北京：中华书局，1937年，第58页。转引自陈炎：《海上丝绸之路与中外文化交流》，北京：北京大学出版社，1996年，第37页。

年以"一号文件"的形式，对包产到户和包干到户的生产责任制给予充分肯定，并在政策上积极引导，从而使包产到户和包干到户的责任制迅速在全国广泛推行，人民公社制度随之解体。此后，家庭联产承包责任制不断完善，最终形成农民家庭承包经营制度。1998 年修订后的《中华人民共和国土地管理法》以及中共十五届三中全会通过的《关于农业和农村工作若干重大问题的决定》，确定了土地承包期再延长 30 年的政策。1999 年再次修改宪法时，将"家庭联产承包责任制"改为"家庭承包经营制"。实践证明，家庭联产承包责任制的实行，使广大农民获得了充分的经营自主权，极大地调动了农民的积极性，解放和发展了农村生产力。

同样，新中国在基本经济制度方面也创造性地开辟了一条适合中国的道路。新中国成立之初，建立了全民所有制和集体所有制两种公有制形式的社会主义基本经济制度，建立了按劳分配的社会主义分配制度。1954 年通过的第一部《中华人民共和国宪法》规定："国家保证优先发展国营经济"，"逐步以全民所有制代替资本家所有制"。这一选择与中国当时的国情是相适应的，不仅巩固了政权稳定，而且为中国在贫困基础上建立独立、完整的工业体系和国民经济提供了制度基础。在此期间，中国快速实现了工业化，工农业生产能力大幅提高，基础设施资本存量从 1953 年的 202 亿元上升到 1978 年的 1113 亿元。到 20 世纪 70 年代末，西方国家所拥有的工业门类，中国几乎全有。工业总产值从 1949 年的 140 亿元增加到 1977 年的 3725 亿元，增长了 25.61 倍，为后来的发展奠定了坚实的物质基础。

1978 年后，中国进入改革开放新时期，对基本经济制度又进行了重新的审视与探索。1982 年宪法规定，"中华人民共和国的社会主义经济制度基础是生产资料社会主义公有制"，"在法律规定范围内的城乡劳动者个体经济，是社会主义公有制经济的补充。国家保护个体经济的合法权利和利益"。① 这是中国首次以宪法形式确立了个体经济的法律地位。1987 年，中共十三大指出，私营经济、中外合资合作企业和外商独资企业等非公有制经济，是公有制经济的必要的和有益的补充，肯定了私营经济、"三资"企业等非公有制经济的重要作用。② 1992 年，中共十四大提出以公有制为主体，多种经济成分长期共同发展。1993 年全国人大八届一次会议通过的宪法修正案涉及经济制度的有 5 条，主要内容是：把"国营经济"改为"国有经济"；用"家庭联产承包为主的责任制"取代"人民公社"；把"计划经济"改为"市场经济"。③ 1997 年，中共十五大明确提出"以公有制为主体，多种所有制经济成分共同发展是我国社会主义初级阶段的基本经济制度"。2007 年，中共十七大报告强调，"坚持和完善公有制为主体、多种所有制经济共同发展的基本经济制度，毫不动摇地巩固和发展公有制经济，毫不动摇地鼓励、支持非公有制经济发展"。④ 实践证明，坚持平等保护物权，形成各种所有制经济平等竞争、相互促进的新格局，完善了中国的市场环境，为现代产权制度和现代企业制度建立了良好的制度环境，极大地调动了市场主体的积极性，进一步解放和发展了生产力。

最后，创新与分工和专业化能够形成相互强化的正反馈，从而提升劳动生产率。亚当·斯密在讲述他对扣针工厂的观察时谈到，工人们只运用了简陋的机械设备，如果这些简陋的、通用的设备能够被更先进的、更专业化的机械所取代（比如引进新的生产设备和生产工艺流程），那么一定

---

① 《中华人民共和国宪法》，北京：中国法制出版社，2004 年，第 110—111 页。

② 《中国共产党第十三次全国代表大会报告》，北京：人民出版社，1987 年。

③ 《中华人民共和国宪法》，北京：中国法制出版社，2004 年，第 17 页。

④ 胡锦涛：《高举中国特色社会主义伟大旗帜，为夺取全面建设小康社会新胜利而奋斗》，《求是》2007 年第 21 期。

到 1983 年底，中国农村基本实行了以家庭承包经营为基础、统分结合的双层经营体制，农民生产积极性和农业生产力被空前释放。图为 1984 年国庆 35 周年群众游行队伍中的"联产承包好"彩车。

会引起分工的变化，而劳动生产率也会有所提升。亚当·斯密还提到了专业机械设备的发明也可能是分工的结果，也即每个人只从事一个环节的工作时，能够有更充裕的时间和更集中的注意力来思考这一个环节在生产工作、劳动方式上如何改良，因此也更有机会促成技术与生产方式上的创新。

分析至此，改革开放在中国 40 多年经济高速增长过程中所扮演的举足轻重的角色，也就凸显出来了。"改革"，作为一种意义深远的制度进步，界定、保护了财产权（包括知识财产权）和契约权，并且拓展了有效制度的适用范围，从而为市场规模的扩大或使受到压抑的市场能量得以释放奠定了基础，甚至直接扩大了市场规模。"开放"，作为一项深谋远虑的政策，一方面直接扩大了中国的外部市场，让中国通过参与国际分工来最大化其自身的比较利益，让尽可能多的中国企业成为国际分工与交易的受益者；另一方面，打开国门本身也促进和深化了改革，引进了先进的技术和管理方式，鼓励了新工具、新方法的运用。

　　站在今天的历史坐标上，我们不难发现：无论从内部容量还是外部尺寸看，中国的市场规模都得到了空前的扩大，分工和专业化皆因日趋有效的产权制度的实施而得到了极大加强，在此基础上，制度与技术的创新和进步得到了实现，劳动生产率得以大幅度提高。至此，可以总结出一个经济长期增长模型，即：市场规模扩大→潜在的"得自贸易的收入"出现或增大→得到政府恰当保障的财产权和契约权→交易成为可能并顺利完成→分工和专业化程度加强→创新和学习带来技术进步→劳动生产率提高→经济增长（人均收入增长）。这一逻辑框架有助于我们从理论上深化对中国改革开放的理解。

　　以上所论述的，只是一个理解中国改革开放 40 多年来经济高速增长的逻辑分析框架。除了给出带有一般性的经济长期增长的关键因素之外，这里还存在中国改革开放的"特殊性"问题，也就是"中国特色"问题。美国高盛公司高级顾问乔舒亚·雷默在其题为《北京共识》的长篇报告里集中讨论了这一问题，并得出结论说，中国的改革开放走的是一条完全与众不同的道路。我们在此遇到了一个绕不过去的逻辑难题，即一般性和特殊性的关系。中国 40 多年来所取得的巨大成就，与改革开放吻合了经济长期增长的基本逻辑密不可分。同时，中国市场规模扩大的途径与步骤又确实是举世无双的。这主要是因为改革开放是由一项项具体政策措施、法律法规、管理条例等制度构成的，内容繁杂，时分先后，由此便出现了"制度组合""时机把握""实施顺序"问题。所谓"中国特色"，从狭隘的经济学角度看，大致集中体现于如何处理这些具体问题。显然，一个国家、一个民族能够在正确的时间、以正确的顺序做正确的事，需要巨大的智慧和勇气。

第三章
新时代中国的发展实践

2012 年 11 月，中国共产党第十八次全国代表大会召开。中共十八大的召开，开启了新时代中国发展的新阶段。

在这一时期，中国发展环境面临深刻复杂变化。中国发展仍然处于重要战略机遇期，但机遇和挑战都有新的发展变化。当今世界正经历百年未有之大变局，新一轮科技革命和产业变革深入发展，国际力量对比深刻调整，和平与发展仍然是时代主题，人类命运共同体理念深入人心，同时国际环境日趋复杂，不稳定性不确定性明显增加。中国已转向高质量发展阶段，制度优势显著，治理效能提升，经济长期向好，物质基础雄厚，人力资源丰富，市场空间广阔，发展韧性强劲，社会大局稳定，继续发展具有多方面优势和条件，同时中国发展不平衡不充分问题仍然突出，重点领域关键环节改革任务仍然艰巨。

新时代中国的发展实践，取得了令人瞩目的成果。在实践中，中国坚定不移贯彻新发展理念，推动高质量发展，有力有序化解发展不平衡不充分的矛盾问题，沉着冷静应对外部挑战明显上升的复杂局面，坚定朝着既定目标前进。

第一节
新时代中国发展实践取得的成就

在以习近平同志为核心的党中央坚强领导下，中国的改革开放取得新进展，经济发展取得重大进步，人民生活水平快速提升，中国对世界经济增长的贡献度进一步增加。

在"十三五"时期（2016—2020 年），全面深化改革取得重大突破，全面依法治国取得重大进展，全面从严治党取得重大成果，国家治理体系和治理能力现代化加快推进，中国共产党领导和中国社会主义制度优势进一步彰显；中国的经济实力、科技实力、综合国力跃上新的大台阶，经济运行总体平稳，经济结构持续优化，2020 年国内生产总值突破 100 万亿元；脱贫攻坚成果举世瞩目，5575 万农村贫困人口实现脱贫；污染防治力度加大，生态环境明显改善；对外开放持续扩大，共建"一带一路"成果丰硕；人民生活水平显著提高，高等教育进入普及化阶段，城镇新增就业超过 6000 万人，建成世界上规模最大的社会保障体系，基本医疗保险覆盖超过 13 亿人，基本养老保险覆盖近 10 亿人；文化事业和文化产业繁荣发展；国防和军队建设水平大幅提升，军队组织形态实现重大变革；国家安全全面加强，社会保持和谐稳定。[①]

在经济建设方面，中国坚定不移贯彻新发展理念，坚决端正发展观念、转变发展方式，发展质量和效益不断提升。经济保持中高速增长，在世界主要国家中名列前茅，国内生产总值稳居世界第二，对世界经济增长贡献率超过 30%。供给侧结构性改革深入推进，经济结构不断优化，数字经济等新兴产业蓬勃发展，高铁、公路、桥梁、港口、机场等基础设施建设快速推进。农业现代化稳步推进，粮食年产量连续五年稳定在 13000 亿斤以上。城镇化率年均提高 1.2 个百分点，8000 多万农业转移人口成为城镇居民。区域发展协调性增强，"一带一路"建设、京津冀协同发展、长江经济带发展成效显著。创新驱动发展战略大力实施，创新型国家建设成果丰硕，天宫、蛟龙、天眼、悟空、墨子、大飞机等重大科技成果相继问世。开放型经济新体制逐步健全，对外贸易、对外投资、外汇储备稳居世界前列。[②]中国贸易大国地位更加巩固，对外贸易加快优化升级，实现稳中提质。货物贸易进出口额从 2015 年的 3.95 万亿美元增加至 2020 年的 4.65 万亿美元，连续 4 年保持全球货物贸易第一大国地位，连续 12 年保持第一出口大国地位。服务贸易进出口额从 2015 年的 6542 亿美元增加至 2020 年的 6617 亿美元，稳居世界第二。在此期间，中国持续推进"一带一路"倡议落地，公布实施《外商投资法》（2020年 1 月 1 日起实施），加快扩大服务业开放，减少外资准入负面清单。在构建自由贸易区及签署区域贸易协定方面，中国先后设立了 21 个自由贸易试验区，成立海南自由贸易港，签署《区域全面经济伙伴关系协定》

---

① 《中国共产党第十九届中央委员会第五次全体会议公报》，新华网 2020 年 10 月 29 日，http://www.xinhuanet.com/politics/2020-10/29/c_1126674147.htm。

② 同上。

中国经济保持中高速增长，经济总量稳居世界第二。图为全球第一大港——宁波—舟山港。

（RCEP），完成中欧投资协定谈判，稳步推进中日韩自贸区谈判。此外，通过成功举行"一带一路"国际合作高峰论坛、中国国际进口博览会以及中国国际服务贸易交易会等，进一步密切了中国与世界的经济联系。[①]

全面深化改革取得重大突破。蹄疾步稳推进全面深化改革，坚决破除各方面体制机制弊端。改革全面发力、多点突破、纵深推进，着力增强改革系统性、整体性、协同性，拓展改革广度和深度，推出 1500 多项改革举措，重要领域和关键环节改革取得突破性进展，主要领域改革主体框架基本确立。中国特色社会主义制度更加完善，国家治理体系和治理能力现代化水平明显提高，全社会发展活力和创新活力明显增强。

人民生活不断改善。深入贯彻以人民为中心的发展思想，一大批惠民举措落地实施，人民获得感显著增强。脱贫攻坚战取得决定性进展，

---

① 钟山：《我国开放型经济发展取得历史性成就》，《人民日报》2020 年 9 月 29 日。

近 6000 万贫困人口稳定脱贫，贫困发生率从 10.2% 下降到 4% 以下。教育事业全面发展，中西部和农村教育明显加强。就业状况持续改善，城镇新增就业年均 1300 万人以上。城乡居民收入增速超过经济增速，中等收入群体持续扩大。覆盖城乡居民的社会保障体系基本建立，人民健康和医疗卫生水平大幅提高，保障性住房建设稳步推进。社会治理体系更加完善，社会大局保持稳定，国家安全全面加强。

生态文明建设成效显著。大力推进生态文明建设，全党全国贯彻绿色发展理念的自觉性和主动性显著增强，忽视生态环境保护的状况明显改变。生态文明制度体系加快形成，主体功能区制度逐步健全，国家公园体制试点积极推进。全面节约资源有效推进，能源资源消耗强度大幅下降。重大生态保护和修复工程进展顺利，森林覆盖率持续提高。生态环境治理明显加强，环境状况得到改善。引导应对气候变化国际合作，成为全球生态文明建设的重要参与者、贡献者、引领者。①

新时代中国发展实践取得了令人瞩目的成就，追根溯源，这源于中国采取了符合自身国情的新发展理念。在新的发展理念中，中国不仅进一步将改革开放的核心思想贯彻其中，而且在继续坚持改革开放的基础上，突出了创新、协调、绿色和共享的新理念，使其更加符合中国新时代发展的实际情况。

---

① 《中国共产党第十九届中央委员会第五次全体会议公报》，新华网 2020 年 10 月 29 日，http://www.xinhuanet.com/politics/2020-10/29/c_1126674147.htm。

第二节
创新、协调、绿色、开放、共享的新发展理念

　　发展理念是战略性、纲领性、引领性的东西，是发展思路、发展方向、发展着力点的集中体现。[①] 各个国家的发展实践都是由各自在发展过程中所形成的发展理念来统领的。发展理念是否先进、正确，最终决定了发展效果。发展是一个不断前进、永不停歇的动态过程——发展环境会变，发展条件会变，发展理念也需要不断与时俱进。新时代中国的发展实践，强调新发展理念，其中包括创新、协调、绿色、开放和共享五个方面。

　　无论是从二战后各国的发展实践和发展经济学理论的发展看，还是从联合国可持续发展议程看，发展理念首先根植于具体国家所处的具体发展环境。中国提出坚持创新、协调、绿色、开放、共享的发展理念，这五大发展理念不是凭空得来的，而是中国在总结国内外发展经验教训的基础上形成的，也是在深刻分析国内外发展大势的基础上形成的，集中反映了中国共产党对经济社会发展规律认识的深化，也是针对中国发

---

① 习近平：《习近平谈治国理政》第二卷，北京：外文出版社，2017年，第197—199页。

展中的突出矛盾和问题提出来的。[1]

创新发展注重的是解决发展动力问题。中国创新能力不强，科技发展水平总体不高，科技对经济社会发展的支撑能力不足，科技对经济增长的贡献率远低于发达国家水平。新一轮科技革命带来的是更加激烈的科技竞争，如果科技创新搞不上去，发展动力就不可能实现转换，中国在全球经济竞争中就会处于下风。为此，中国必须把创新作为引领发展的第一动力，把人才作为支撑发展的第一资源，把创新摆在国家发展全局的核心位置，不断推进理论创新、制度创新、科技创新、文化创新等各方面创新，让创新贯穿党和国家一切工作，让创新在全社会蔚然成风。

协调发展注重的是解决发展不平衡问题。中国发展不协调是一个长期存在的问题，突出表现在区域、城乡、经济和社会、物质文明和精神文明、经济建设和国防建设等关系上。在经济发展水平落后的情况下，一段时间的主要任务是要跑得快，但跑过一定路程后，就要注意调整关系，注重发展的整体效能，否则"木桶效应"就会逐渐显现，一系列社会矛盾就会不断加深。为此，中国必须牢牢把握中国特色社会主义事业总体布局，正确处理发展中的重大关系，不断增强发展整体性。

绿色发展注重的是解决人与自然和谐问题。绿色循环低碳发展，是当今时代科技革命和产业变革的方向，是最有前途的发展领域。中国在这方面的潜力相当大，可以形成很多新的经济增长点。中国资源约束趋紧、环境污染严重、生态系统退化的问题十分严峻，人民群众对清新空气、干净饮水、安全食品、优美环境的要求越来越强烈。为此，中国必须坚持节约资源和保护环境的基本国策，坚定走生产发展、生活富裕、生态

---

① 习近平：《习近平谈治国理政》第二卷，北京：外文出版社，2017年，第197页。

2021 年 2 月 25 日，习近平总书记在全国脱贫攻坚总结表彰大会上庄严宣告，中国现行标准下 9899 万农村贫困人口全部脱贫，完成了消除绝对贫困的艰巨任务。图为观众在中国国家博物馆内观看《脱贫攻坚 共享小康全国摄影展》。

良好的文明发展道路，加快建设资源节约型、环境友好型社会，推进美丽中国建设，为全球生态安全作出新贡献。

开放发展注重的是解决发展内外联动问题。国际经济合作和竞争局面正在发生深刻变化，全球经济治理体系和规则正在面临重大调整，"引进来""走出去"在深度、广度、节奏上都是过去所不可比拟的，应对外部经济风险、维护国家经济安全的压力也是过去所不能比拟的。现在的问题不是要不要对外开放，而是如何提高对外开放的质量和发展的内外联动性。中国对外开放水平总体上还不够高，用好国际国内两个市场、两种资源的能力还不够强，应对国际经贸摩擦、争取国际经济话语权的能力还比较弱，运用国际经贸规则的本领也不够强，需要加快弥补。为此，中国必须坚持对外开放的基本国策，奉行互利共赢的开放战略，深化人文交流，完善对外开放区域布局、对外贸易布局、投资布局，形成对外开放新体制，发展更高层次的开放型经济，以扩大开放带动创新、推动改革、促进发展。"一带一路"建设是扩大开放的重大战略举措和经济外交的顶层设计，要找准突破口，以点带面、串点成线，步步为营、久久为功。要推动全球经济治理体系改革完善，引导全球经济议程，维护多边贸易体制，加快实施自由贸易区战略，积极承担与中国能力和地位相适应的国际责任和义务。

共享发展注重的是解决社会公平正义问题。"治天下也，必先公，公则天下平矣。"让广大人民群众共享改革发展成果，是社会主义的本质要求，是社会主义制度优越性的集中体现，是中国共产党坚持全心全意为人民服务根本宗旨的重要体现。这方面问题解决好了，全体人民推动发展的积极性、主动性、创造性就能充分调动起来，国家发展也才能具有最深厚的伟力。中国经济发展的"蛋糕"不断做大，但分配不公问题比较突出，收入差距、城乡区域公共服务水平差距较大。在共享改革发展成果上，无论是实际情况还是制度设计，都还有不完善的地方。为此，中国必须坚持发展为了人民、发展依靠人民、发展成果由人民共享，作出更有效的制度安排，使全体人民朝着共同富裕方向稳步前进，绝不能出现"富者累巨万，而贫者食糟糠"的现象。

坚持创新发展、协调发展、绿色发展、开放发展、共享发展，是关系中国发展全局的一场深刻变革。这五大发展理念相互贯通、相互促进，是具有内在联系的集合体，要统一贯彻，不能顾此失彼，也不能相互替代。哪一个发展理念贯彻不到位，发展进程都会受到影响。[1]

---

[1] 习近平：《习近平谈治国理政》第二卷，北京：外文出版社，2017年，第199页。

一、以创新发展为统领，建设现代化经济体系

创新能力是决定一个国家和民族前途和命运的根本要素。18 世纪以来，世界发生的几次重大科技革命和产业革命都深刻改变了世界发展面貌和格局。一些国家抓住了机遇，经济社会发展驶入快车道，经济实力、科技实力、军事实力迅速增强，甚至一跃成为世界强国。发端于英国的第一次产业革命，使英国走上了世界霸主地位；美国抓住了第二次产业革命机遇，赶超英国成为世界第一。从第二次产业革命以来，美国就占据世界第一的位置，这是因为美国在科技和产业革命中都是领航者和最大获利者。中华民族是勇于创新、善于创新的民族。一些资料显示，16 世纪以前世界上最重要的 300 项发明和发现中，中国占 173 项，远远超过同时代的欧洲。中国在历史上长期处于世界领先地位，中国的思想文化、社会制度、经济发展、科学技术以及其他许多方面对周边发挥了重要辐射和引领作用。近代以来，中国逐渐由领先变为落后，一个重要原因就是我们错失了多次科技和产业革命带来的巨大发展机遇。[①]

经过改革开放 40 多年的努力，中国经济总量已经居世界第二。同时，中国经济发展的很多领域仍存在不强、不优的问题，面临经济增长转换动能、转变方式和调整结构等长期挑战。新形势下，依靠资源、资本以及劳动力投入带动经济增长的传统模式难以为继；应对人口老龄化、巩固脱贫成果以及提升健康医疗服务水平，都需要依靠科技进步输入新动力；在治理环境污染，保障国家能源、粮食、网络、国防等安全方面，都需要依靠更好的科技创新提供新的保障。创新成为中国发展全局的重要抓手。

---

① 习近平：《习近平谈治国理政》第二卷，北京：外文出版社，2017 年，第 202—204 页。

（一） 创新是引领发展的第一动力

抓住了创新，就抓住了牵动经济社会发展全局的"牛鼻子"。当今世界，经济社会发展越来越依赖于理论、制度、科技、文化等领域的创新，国际竞争新优势也越来越体现在创新能力上。[①]谁在创新上先行一步，谁就能拥有引领发展的主动权。当前，新一轮科技和产业革命蓄势待发，其主要特点是重大颠覆性技术不断涌现，科技成果转化速度加快，产业组织形式和产业链条更具垄断性。世界各主要国家纷纷出台新的创新战略，加大投入，加强人才、专利、标准等战略性创新资源的争夺。虽然中国经济总量跃居世界第二，但大而不强、臃肿虚胖体弱问题相当突出，主要体现为创新能力不强，这是中国这个经济大块头的"阿喀琉斯之踵"。通过创新引领和驱动发展已经成为中国发展的迫切要求。所以，抓创新就是抓发展，谋创新就是谋未来。

创新是一个复杂的社会系统工程，涉及经济社会各个领域。坚持创新发展，需要以重要领域和关键环节的突破带动全局，围绕经济竞争力的核心关键、社会发展的瓶颈制约、国家安全的重大挑战，强化事关发展全局的基础研究和共性关键技术研究，在科技创新上取得重大突破。需要以重大科技创新为引领，加快科技创新成果向现实生产力转化，加快构建产业新体系，提高中国经济整体质量和国际竞争力。[②]

一般来说，决定一国长期增长的因素或条件是多元的，主要包括以下五个层面：科技水平或创新能力、市场规模与专业化分工、人口数量与质量及结构、制度基础设施、国际制度安排，其中科技水平或创新能力是首要因素。邓小平讲"科学技术是第一生产力"，可谓切中肯綮。

[①] 习近平：《习近平谈治国理政》第二卷，北京：外文出版社，2017 年，第 201 页。

[②] 《习近平在省部级主要领导干部学习贯彻党的十八届五中全会精神专题研讨班上的讲话》，共产党网 2016 年 5 月 10 日，https://news.12371.cn/2016/05/10/ARTI1462820587609178.shtml。

安装在国家超级计算无锡中心的"神威·太湖之光"超级计算机，所有核心部件全部由中国自主制造。

经济增长的唯一源泉就是劳动生产率的提高，而技术进步或科技创新则是导致劳动生产率提高的直接原因。美欧日之所以是当今世界主要的发达国家，很重要的原因就在其较高的科技创新能力。除了自主研发之外，学习模仿和技术外溢等外源性技术进步也是劳动生产率提升的重要源泉。在这方面，新兴国家甚至还有"后发优势"。

技术进步或科技创新都是由人来实现的，高品质的产品和服务也是由人创造的。决定生产率水平高低的人的创造能力和工作态度，亦即人力资本，在很大程度上取决于人的受教育程度。据世界银行统计，美国和中国的中学入学率分别为94%和89%，印度为69%。这组数字至少部分解释了三国处于不同发展阶段的原因，同时也展示了它们未来发展的潜力。说到人口结构，主要是指一国人口的年龄结构和种族结构。预计到2050年，印度16—59岁人口占比将高达62.2%，中国和美国将分别只有52.5%和54.8%。对日益老龄化的中国和美国而言，更不用说老龄化程度已经相当高的欧洲与日本，适龄劳动力供给的减少，势必降低潜在经济增长率。如果一国内部种族问题处理不好，终将波及社会稳定。至于人口数量多寡，其对经济增长的影响主要表现在市场规模和国际经济规则制定两个方面。人口多少、市场规模大小与国际谈判能力强弱密切相关，两者均对一国的长期经济增长产生正面效应。

（二）技术创新与制度创新并举

除了科技创新之外，还应重视制度创新，具体说就是要实现治理体系和治理能力的现代化，发现并不断逼近最适宜制度。在此，最适宜制度指的是在一组约束条件下的最优制度。条件变了，制度必须随之调整。最适宜制度的核心功能在于为人们从事生产和交换活动提供稳定的预期，为人们进行创新和推动要素合理流动提供正向激励，同时降低使整个社会政治经济系统得以有效运转的交易成本。

制度基础设施（或称"软"基础设施）涵盖的内容众多，其根本作用在于保护财产权利、使契约得到普遍尊重、使自愿交易免受权力过度侵害。制度基础设施的建设需要与时俱进地与经济社会发展实践相符合。不断创新的制度基础设施对经济增长的促进作用主要是通过如下途径实现的：一是为每个经济活动的参与者创造出形成稳定预期的环境；二是为他们提供有效激励；三是降低交易成本。制度基础设施的上述三大功能，构成了市场起配置资源决定性作用的前提条件。这里特别需要强调的是，产权得到保护、契约受到尊重不会自然实现。没有广义的国家权力，就没有普遍的产权与契约。保证高质量制度基础设施的关键所在，是有一个以强化市场功能、拓展市场规模为己任的强大且高效的政府。设立恰当且适时的制度举足轻重，使这一制度得以贯彻实施亦至关重要。

坚持科技创新与制度创新并举，就是以问题为导向，以需求为牵引，在实践载体、制度安排、政策保障、环境营造上支持创新实践，强化国家战略科技力量，提升国家创新体系整体效能。为此，要和强化技术创新体系顶层设计，明确企业、高校、科研院所等创新主体在创新链不同环节的功能定位，激发各类主体创新激情和活力。要加快转变政府科技管理职能，发挥好组织优势。要发挥市场对技术研发方向、路线选择、要素价格、各类创新要素配置的引导作用。要完善政策支持、要素投入、激励保障、服务监管等政策机制，带动新技术、新产品、新业态蓬勃发展。要加快新成果转化应用，实现技术突破、产品制造、市场模式、产业发展"一条龙"。

二、以协调发展为核心，推动经济社会和谐联动

中国共产党在带领人民建设社会主义的长期实践中，形成了许多关于协调发展的理念和战略。在革命和建设时期，提出了统筹兼顾、"弹钢琴"等思想方法和工作方法。改革开放后，针对新时期的新情况新问题，提出"现代化建设的任务是多方面的，各个方面需要综合平衡，不能单打一"。在改革开放不同时期，先后提出了一系列"两手抓"的战略方针：提出了在推进社会主义现代化建设过程中必须处理好 12 个带有全局性的重大关系；[①] 提出了全面协调可持续发展。中共十八大提出了中国特色社会主义事业"五位一体"总体布局，后来又提出了"四个全面"战略布局，等等。[②] 这些都体现了中国对协调发展认识的不断深化，

---

① 12 个带有全局性的重大关系分别是：（1）改革、发展、稳定的关系；（2）速度和效益的关系；（3）经济建设和人口、资源、环境的关系；（4）第一、二、三产业的关系；（5）东部地区和中西部地区的关系；（6）市场机制和宏观调控的关系；（7）公有制经济和其他经济成分的关系；（8）收入分配中国家、企业和个人的关系；（9）扩大对外开放和坚持自力更生的关系；（10）中央和地方的关系；（11）国防建设和经济建设的关系；（12）物质文明建设和精神文明建设的关系。

② "五位一体"总体布局是指经济建设、政治建设、文化建设、社会建设和生态文明建设五位一体，全面推进。"四个全面"战略布局，指全面建成小康社会、全面深化改革、全面依法治国、全面从严治党。

体现了唯物辩证法在解决中国发展问题上的方法论意义。[①]

新形势下，协调发展具有一些新特点。比如，协调既是发展手段又是发展目标，同时还是评价发展的标准和尺度。再比如，协调是发展两点论和重点论的统一，一个国家、一个地区乃至一个行业在其特定发展时期既有发展优势，也存在制约因素，在发展思路上既要着力破解难题、补齐短板，又要考虑巩固和厚植原有优势，实现高水平发展。又比如，协调是发展平衡和不平衡的统一，由平衡到不平衡再到新的平衡是事物发展的基本规律。平衡是相对的，不平衡是绝对的。强调协调发展不是搞平均主义，而是更注重发展机会公平、更注重资源配置均衡。还比如，协调是发展短板和潜力的统一，中国正处于由中等收入国家向高收入国家迈进的阶段。国际经验表明，这个阶段是各种矛盾集中爆发的时期，发展不协调、存在诸多短板也是难免的。协调发展，就要找出短板，在补齐短板上多用力，通过补齐短板挖掘发展潜力、增强发展后劲。

"十三五"时期，中国在协调发展方面的主要措施包括发挥各地区比较优势，促进生产力布局优化，重点实施"一带一路"建设、京津冀协同发展、长江经济带发展三大战略，支持革命老区、民族地区、边疆地区、贫困地区加快发展，构建连接东中西、贯通南北方的多中心、网络化、开放式的区域开发格局，不断缩小地区发展差距。坚持工业反哺农业、城市支持农村和多予少取放活方针，促进城乡公共资源均衡配置，加快形成以工促农、以城带乡、工农互惠、城乡一体的工农城乡关系，不断缩小城乡发展差距。[②]

在实施区域协调发展方面，中国一方面加大力度支持革命老区、民族

---

① 习近平：《习近平谈治国理政》第二卷，北京：外文出版社，2017 年，第 205 页。
② 参见《习近平谈治国理政》第二卷，北京：外文出版社，2017 年，第 207 页。

雄安新区对于集中疏解北京非首都功能、探索人口经济密集地区优化开发新模式、调整优化京津冀城市布局和空间结构、培育创新驱动发展新引擎具有重要意义。图为建设中的雄安新区。

地区、边疆地区、贫困地区发展，一方面继续推进西部大开发形成新格局，深化改革加快东北等老工业基地振兴，最终建立更有效的区域协调发展新机制。以城市群为主体构建大中小城市和小城镇协调发展的城镇格局，加快农业转移人口市民化。以疏解北京非首都功能为抓手推动京津冀协同发展，高起点规划、高标准建设雄安新区。以共抓大保护、不搞大开发为导向推动长江经济带发展。支持资源型地区经济转型发展。加快边疆发展，确保边疆巩固和边境安全。坚持陆海统筹，加快建设海洋强国。[①]

（一）健全城乡发展一体化体制机制

城乡发展不平衡不协调，是中国经济社会发展存在的突出矛盾，是全面建成小康社会、加快推进社会主义现代化必须解决的重大问题。改

---

① 参见《习近平谈治国理政》第三卷，北京：外文出版社，2020年，第26页。

革开放以来，中国农村面貌发生了翻天覆地的变化，但城乡二元结构没有根本改变，城乡发展差距不断拉大的趋势没有根本扭转。要解决这些问题，必须推进城乡一体化发展。为此，必须健全体制机制，形成以工促农、以城带乡、工农互惠、城乡一体的新型工农城乡关系，让广大农民平等参与现代化进程、共同分享现代化成果。[①]

中国采取了很多改革举措，统筹协调发展城乡发展，健全城乡发展一体化体制机制，具体包括以下方面：一是加快构建新型农业经营体系。主要是坚持家庭经营在农业中的基础性地位，鼓励土地承包经营权在公开市场上向专业大户、家庭农场、农民合作社、农业企业流转，鼓励农村发展合作经济，鼓励和引导工商资本到农村发展适合企业化经营的现代种养业，允许农民以土地承包经营权入股发展农业产业化经营等。二是赋予农民更多财产权利。主要是依法维护农民土地承包经营权，保障农民集体经济组织成员权利，保障农户宅基地用益物权，慎重稳妥推进农民住房财产权抵押、担保、转让试点。三是推进城乡要素平等交换和公共资源均衡配置。主要是保障农民工同工同酬，保障农民公平分享土地增值收益；完善农业保险制度；鼓励社会资本投向农村建设，允许企业和社会组织在农村兴办各类事业；统筹城乡义务教育资源均衡配置，整合城乡居民基本养老保险制度、基本医疗保险制度，推进城乡最低生活保障制度统筹发展，稳步推进城镇基本公共服务常住人口全覆盖，把进城落户农民完全纳入城镇住房和社会保障体系。

（二） 统筹推进区域经济协调发展

在以创新发展统领建设现代化经济体系进程中，中国也在以新的视

---

① 习近平：《习近平谈治国理政》，北京：外文出版社，2014年，第81页。

角推动形成优势互补、高质量发展的新区域经济布局。新形势下促进区域协调发展的总体思路是：按照客观经济规律调整完善区域政策体系，发挥各地区比较优势，促进各类要素合理流动和高效集聚，增强创新发展动力，加快构建高质量发展的动力系统，增强中心城市和城市群等经济发展优势区域的经济和人口承载能力，增强其他地区在保障粮食安全、生态安全、边疆安全等方面的功能，形成优势互补、高质量发展的区域经济布局。中国经济由高速增长阶段转向高质量发展阶段，对区域协调发展提出了新的要求。不能简单要求各地区在经济发展上达到同一水平，而是要根据各地区的条件，走合理分工、优化发展的路子。要形成几个能够带动全国高质量发展的新动力源，特别是京津冀、长三角、珠三角三大地区，以及一些重要城市群。不平衡是普遍的，要在发展中促进相对平衡，这是区域协调发展的辩证法。①

中国幅员辽阔、人口众多，各地区自然资源禀赋差别之大在世界上是少有的，统筹区域发展是一个高难度课题。当前，中国区域发展形势向好，同时出现了一些新情况。一是区域经济发展分化态势明显。长三角、珠三角等地区已初步走上高质量发展轨道，而一些北方省份增长放缓，全国经济中心进一步南移。2018 年，北方地区经济总量占全国的比重为 38.5%，比 2012 年下降 4.3 个百分点。各板块内部也有分化现象。二是发展动力极化现象日益突出。经济和人口向大城市及城市群集聚的趋势比较明显。北京、上海、深圳等特大城市发展优势不断增强，杭州、南京、武汉、郑州、成都、西安等大城市发展势头较好，形成推动高质量发展的区域增长极。三是部分区域发展面临较大困难。东北地区、西北地区发展相对滞后。2012 年至 2018 年，东北地区经济总量占全国的比重从 8.7%

---

① 习近平：《习近平谈治国理政》第三卷，北京：外文出版社，2020 年，第 271 页。

2018 年 10 月，港珠澳大桥建成通车，粤港澳大湾区内要素流动得到极大便利，发展空间更加广阔。

下降到 6.2%，常住人口减少 137 万，流失人口多数是年轻人和科技人才。一些城市特别是资源枯竭型城市、传统工矿区城市发展活力不足。

当前，中国经济发展的空间结构正在发生深刻变化，中心城市和城市群正成为承载发展要素的主要空间形式。在新形势下，必须采取新思路谋划区域协调发展，按照客观经济规律调整完善区域政策体系，发挥各地区比较优势。中国经济由高速增长阶段转向高质量发展阶段，对区域协调发展提出了更高要求，具体来说，协调发展区域经济的主要思路有以下四个方面。

第一，在区域经济发展基础上，按规律办事。产业和人口向优势区域集中，形成以城市群为主要形态的增长动力源，进而带动经济总体效率提升，这是经济发展的规律。为此，应破除资源流动障碍，使市场在资源配置中起决定性作用，促进各类生产要素自由流动并向优势地区集中，提高资源配置效率。

第二，在配置产业与人口过程中，尊重比较优势。经济发展条件好的地区要承载更多产业和人口，发挥价值创造的作用。生态功能强的地区要得到有效保护，创造更多生态产品。要考虑国家安全因素，增强边疆地区发展能力，使之有一定的人口和经济支撑，以促进民族团结和边疆稳定。

第三，在区域内功能区规划设计上，完善空间治理，完善和落实主体功能区战略，细化主体功能区划分，按照主体功能定位划分政策单元。对重点开发地区、生态脆弱地区、能源资源地区等要制定差异化政策，形成主体功能约束有效、国土开发有序的空间发展格局。

第四，在经济协调发展过程中，以保障民生为底线。区域协调发展的基本要求是实施基本公共服务均等化，基础设施通达程度较为均衡。要完善土地、户籍、转移支付等配套政策，提高城市群承载能力，促进迁移人口稳定落户。

三、以绿色发展为保障，实现经济社会可持续发展

绿色发展，就其要义来讲，是要解决好人与自然和谐共生问题。绿色发展是新发展理念的重要组成部分，与创新发展、协调发展、开放发展、共享发展相辅相成、相互作用，是全方位构建高质量现代化经济体系的必然要求，其目的是改变传统的"大量生产、大量消耗、大量排放"的生产模式和消费模式，使资源、生产、消费等要素相匹配相适应，实现经济社会发展和生态环境保护协调统一、人与自然和谐共处。

加快形成绿色发展方式，是解决污染问题的根本之策。只有从源头上使污染物排放大幅降下来，生态环境质量才能明显好转。重点是调结构、优布局、强产业、全链条。调整经济结构和能源结构，既提升经济发展水平，又降低污染排放负荷。对重大经济政策和产业布局开展规划环评，优化国土空间发展格局，调整区域流域产业布局。培育壮大节能环保产业、清洁生产产业、清洁能源产业，发展高效农业、先进制造业、

现代服务业。推进资源全面节约和循环利用，实现生产系统和生活系统循环链接。

当前，中国社会主要矛盾已经转化为人民日益增长的美好生活需要和不平衡不充分的发展之间的矛盾。大力推进生态文明建设就是着眼新时代社会主要矛盾变化，不断满足人民日益增长的美好生活需要，为人民群众提供更多优质生态产品。绿水青山就是金山银山，生态、经济、发展之间是辩证统一关系。保护生态环境就是保护生产力，改善生态环境就是发展生产力。只有坚持正确的发展理念和发展方式，才能实现百姓富、生态美的有机统一。

中国先后参加了在世界可持续发展理念形成和发展过程中具有里程碑意义的联合国人类环境会议（斯德哥尔摩，1972年）、联合国环境与发展大会（里约，1992年）、可持续发展世界首脑会议（约翰内斯堡，2002年）等三次大会，是最早提出并实施可持续发展战略的国家之一。1992年联合国环境与发展大会后，中国政府于1994年发布《中国21世纪议程——中国21世纪人口、环境与发展白皮书》，1996年将可持续发展上升为国家战略并全面推进实施。此外，中国认真参与并履行联合国千年发展目标和可持续发展目标中有关环境保护倡议，取得了丰硕成果，率先发布《中国落实2030年可持续发展议程国别方案》，实施《国家应对气候变化规划（2014—2020年）》，向联合国交存《巴黎协定》批准文书。中国消耗臭氧层物质的淘汰量占发展中国家总量的50%以上，成为对全球臭氧层保护贡献最大的国家。2017年，中国同联合国环境署等国际机构一道发起成立"一带一路"绿色发展国际联盟。

中国通过淘汰落后产能、加强重点领域节能、积极发展新能源和可再生能源等措施，努力提高能源保障水平。近10年来，中国能源自给率始终保持在90%以上，水电装机容量、风电装机容量、核电在建规模、

中国的能源结构调整取得积极进展。截至 2022 年底，全国可再生能源总装机超过 12 亿千瓦，约占全部电力装机的 46.8%。图为新疆维吾尔自治区哈密新型综合能源基地风电场。

太阳能热水器集热面积和光伏发电容量均居世界第一。中国实行最严格的耕地、水资源保护制度，保证了耕地面积基本稳定和国民经济与社会发展的用水需求，2020 年万元 GDP 用水量比 2015 年下降 23%。在合理开发利用海洋资源的同时，中国高度重视保护海洋环境，初步形成了海洋保护区体系。中国采取"面上整体推进、点上重点突破"的方式大规模开展生态修复工程，森林覆盖率由 21 世纪初的 16.6% 上升到 2021 年的 24.02%，全国生态环境恶化趋势得到初步控制，部分区域生态环境质量显著改善。中国制定了节能减排的约束性指标，全国大气、水、土壤污染防治行动取得明显成效，与 2015 年相比，2021 年全国地级及以上城市 PM2.5 平均浓度下降 34.8%；2012 年至 2021 年，单位 GDP 能耗强度下降 26.2%；森林面积和森林蓄积量连续 30 年保持"双增长"。中国还高度重视气候变化应对工作，为推动建立公平合理的应对气候变化国际制度作出了重要贡献，并依据自身国情作出了重大的自主减排承诺。中国正在努力探索一条在快速工业化和城镇化阶段高效利用自然资源、保护生态环境、促进经济社会发展与资源环境相协调的道路。

（一）推进绿色发展、共建生态文明的六项原则

新时代推进绿色发展，推动生态文明建设，要坚持好六项重要原则。[①]

一是坚持人与自然和谐共生。人与自然是生命共同体，要坚持节约优先、保护优先、自然恢复为主的方针。

二是绿水青山就是金山银山。这是重要的发展理念，也是推进现代化建设的重大原则。绿水青山就是金山银山，阐述了经济发展和生态环境保护的关系，揭示了保护生态环境就是保护生产力、改善生态环境就是发展生产力的道理，指明了实现发展和保护协同共生的新路径。绿水青山既是自然财富、生态财富，又是社会财富、经济财富。保护生态环境，就是保护自然价值和增值自然资本，就是保护经济社会发展潜力和后劲，使绿水青山持续发挥生态效益和经济社会效益。要加快形成节约资源和保护环境的空间格局、产业结构、生产方式、生活方式，把经济活动、人的行为限制在自然资源和生态环境能够承受的限度内，给自然生态留下休养生息的时间和空间。要加快划定并严守生态保护红线、环境质量底线、资源利用上线三条红线。在生态保护红线方面，要确保生态功能不降低、面积不减少、性质不改变。在环境质量底线方面，要对生态破坏严重、环境质量恶化的区域严肃问责。在资源利用上线方面，不仅要考虑人类和当代的需要，也要考虑大自然和后人的需要，把握好自然资源开发利用的度，不要突破自然资源承载能力。

---

① 习近平：《推动中国生态文明建设迈上新台阶》，《求是》2019年第3期。

三是良好生态环境是最普惠的民生福祉。发展经济是为了民生，保护生态环境同样也是为了民生。既要创造更多的物质财富和精神财富以满足人民日益增长的美好生活需要，也要提供更多优质生态产品以满足人民日益增长的优美生态环境需要。要坚持生态惠民、生态利民、生态为民，重点解决损害群众健康的突出环境问题，加快改善生态环境质量，提供更多优质生态产品，努力实现社会公平正义，不断满足人民日益增长的优美生态环境需要。

四是山水林田湖草是生命共同体。生态是统一的自然系统，是相互依存、紧密联系的有机链条。要从系统工程和全局角度寻求新的治理之道，统筹兼顾、整体施策、多措并举，全方位、全地域、全过程开展生态文明建设。比如，治理好水污染、保护好水环境，要全面统筹左右岸、上下游、陆上水上、地表地下、河流海洋、水生态水资源、污染防治与生态保护，达到系统治理的最佳效果。深入实施山水林田湖草一体化生态保护和修复，开展大规模国土绿化行动，加快水土流失和荒漠化石漠化综合治理。推动长江经济带发展，要共抓大保护，坚持生态优先、绿色发展。

五是用最严格制度最严密法治保护生态环境。保护生态环境必须依靠制度、依靠法治。要加快制度创新，增加制度供给，完善制度配套，强化制度执行，让制度成为刚性的约束和不可触碰的高压线。严格用制度管权治吏、护蓝增绿，有权必有责、有责必担当、失责必追究。

六是共谋全球生态文明建设。生态文明建设关乎人类未来，建设绿色家园是人类的共同梦想，保护生态环境、应对气候变化需要世界各国同舟共济、共同努力，任何一国都无法置身事外、独善其身。中国已成为全球生态文明建设的重要参与者、贡献者、引领者。中国主张加快构筑尊崇自然、绿色发展的生态体系，共建清洁美丽的世界。中国积极参

中国各地积极实践"绿水青山就是金山银山"理念，探索绿色发展新模式。

与全球环境治理，不断增强在全球环境治理体系中的话语权和影响力，积极引导国际秩序变革方向，探寻世界环境保护和可持续发展的解决方案。中国坚持环境友好，引导应对气候变化国际合作，推进"一带一路"建设，让生态文明的理念和实践造福沿线各国人民。

（二）形成绿色发展方式和生活方式

形成绿色发展方式和生活方式是贯彻新发展理念的必然要求。推动形成绿色发展方式和生活方式，主要的工作任务包括以下几个方面：首先，加快转变经济发展方式。根本改善生态环境状况，必须改变过多依赖增加物质资源消耗、过多依赖高能耗高排放产业的发展模式，把发展的基点放到创新上来，塑造更多依靠创新驱动、更多发挥先发优势的引领型发展。其次，加大环境污染综合治理。以解决大气、水、土壤污染等突出问题为重点，全面加强环境污染防治，持续实施大气污染防治行动计划，加强水污染防治，开展土壤污染治理和修复，加大城乡环境综合整治力度。第三，推进生态保护修复。坚持保护优先、自然恢复为主，深入实施山水林田湖草沙一体化生态保护和修复，开展大规模国土绿化行动，加快水土流失和荒漠化石漠化综合治理。第四，全面促进资源节约集约利用。生态环境问题归根到底是资源过度开发、粗放利用、奢侈消费造成的。资源开发利用既要支撑当代人过上幸福生活，也要为子孙后代留下生存根基。树立节约集约循环利用的资源观，用最少的资源环境代价取得最大的经济社会效益。第五，倡导推广绿色消费。生态文明建设同每个人息息相关，每个人都是践行者、推动者。加强生态文明宣传教育，强化公民环境意识，可以推动形成节约适度、绿色低碳、文明健康的生活方式和消费模式，形成全社会共同参与的良好风尚。第六，完善生态文明制度体系。推动绿色发展，建设生态文明，重在建章立制，用严格的制度、严密的法治保护生态环境。健全自然资源资产管理体制，加强自然资源和生态环境监管，推进环境保护督察，落实生态环境损害赔偿制度，完善环境保护公众参与制度。

推动绿色发展，构建生态文明体系的基本框架，包括五个具体体系：以生态价值观念为准则的生态文化体系，以产业生态化和生态产业化为主体的生态经济体系，以改善生态环境质量为核心的目标责任体系，以治理体系和治理能力现代化为保障的生态文明制度体系，以生态系统良性循环和环境风险有效防控为重点的生态安全体系。要通过加快构建生态文明体系，使中国经济发展质量和效益显著提升，确保到 2035 年，节约资源和保护环境的空间格局、产业结构、生产方式、生活方式总体形成，生态环境质量实现根本好转，生态环境领域国家治理体系和治理能力现代化基本实现，美丽中国目标基本实现；到 21 世纪中叶，建成富强民主文明和谐美丽的社会主义现代化强国，物质文明、政治文明、精神文明、社会文明、生态文明全面提升，绿色发展方式和生活方式全面形成，人与自然和谐共生，生态环境领域国家治理体系和治理能力现代化全面实现。

四、以开放发展为指导，加速融入世界经济体系

在五大发展理念之中，开放发展具有明显的系统重要性。作为创新发展基本内容之一的科技创新，既涉及自主研发，也涉及充分运用人类社会创造的先进科学技术成果和有益管理经验。在一个国家间相互依存度达到史无前例之高度的世界里，没有与外部世界的良性互动就不可能有内部的协调发展。当气候变化等全球问题频繁且日益严重地影响人类生存的时候，绿色发展本身就是一个需要世界各国采取共同行动加以应对的议题。发展的终极目标是每一个人的发展，发展的成果也应当由各国人民一起分享。[①]

中国自 1978 年开始的对外开放是一个不断拓展和深化的历史进程。在此进程中，中国决策者与民众对改革开放的认知逐步深入，中国与世界的关系，特别是中国在世界中的角色也在不断调整。在改革开放之初，打开国门的中国是国际经济体系的适应者和融入者，之后变为参与者和完善者，再后来又努力成为国际体系改革的倡导者和引领者，并在实践中形成了一系列层层递进、一脉相承的中国特色开放经济政策与理论。中国的对外开放实践，既很好地吻合了中国传统的贸易理论"淮南子——司马迁定理"，也可以在现代贸易理论和长期增长理论中得到说明。

随着中国特色社会主义进入新时代和国际环境发生深刻变化，中国仍

---

① 张宇燕：《中国对外开放的理念、进程与逻辑》，《中国社会科学》2018 年第 11 期。

需要以自身开放来引领和促进世界各国的相互开放、共同开放，积极参与全球治理改革和区域经贸合作，为推动构建人类命运共同体，建设持久和平、普遍安全、共同繁荣、开放包容、清洁美丽的世界，创造良好国际条件。

中国经济取得的巨大成就得益于过去 40 多年持续推进的改革开放。未来，中国经济要实现高质量可持续发展，仍离不开进一步的深化改革与对外开放。邓小平曾讲过，"如果开放政策在下一世纪前五十年不变，那么到了后五十年，我们同国际上的经济交往更加频繁，更加相互依赖，更不可分，开放政策就更不会变了"①。

坚持对外开放，是改革开放 40 多年来中国经济实现快速发展的重要前提，也是新时代实现经济高质量发展的必然要求。2018 年 4 月，习近平主席在博鳌亚洲论坛 2018 年年会开幕式上的主旨演讲中指出，过去 40 年中国经济发展是在开放条件下取得的，未来中国经济实现高质量发展也必须在更加开放条件下进行。②

（一）对外开放的主要内容

第一，推动机制体制改革，支持对外开放。制度的实用性或覆盖面是有边界的，那些能使有效制度安排实用性加强和覆盖面加大的做法，那些能在更大范围内使交易得以实现的制度安排，都会拓展市场规模。这意味着推动对外开放离不开相对完善的制度保障。与对外开放密切相关的经济体制改革主要涵盖农村经济、所有制结构、国有企业、价格体制、金融体制、财税体制、外贸体制等领域。以对外贸易体制改革为例，1994 年 1 月《国务院关于进一步深化对外贸易体制改革的决定》明确了

---

① 邓小平：《邓小平文选》第三卷，北京：人民出版社，1993 年，第 103 页。

② 习近平：《开放共创繁荣 创新引领未来——在博鳌亚洲论坛 2018 年年会开幕式上的主旨演讲》，《人民日报》2018 年 4 月 11 日。

改革的目标，即统一政策、开放经营、平等竞争、自负盈亏、工贸结合、推行代理制、建立适应国际经济通行规则的运行机制。体制机制改革的目的是使制度更加有效，具体体现为对财产权和契约权的尊重和保护，以降低交易成本，这无疑有助于深化对外开放，形成单一或统一的市场。①

第二，引进吸收先进的科学技术。这既是中国对外开放的初衷之一，也是助推经济飞速发展的关键因素。技术进步作为提高劳动生产率的直接动因之一，对促进长期经济增长发挥了极其关键的作用。改革开放初期，中国严重缺乏资金、先进技术和科学管理理念经验等，而大力吸引外资的目的就是博采众长、为我所用。早在1979年4月，中共中央就提出了"调整、改革、整顿、提高"的方针，当时技术引进主要体现在两个"转变"上：一是由新建项目为主转向技术改造为主，二是由成套设备引进为主转向采用许可证贸易、合作生产、顾问咨询和技术服务为主。1985年3月出台的《关于科学技术体制改革的决定》指出，现代科学技术是新的社会生产力中最活跃和决定性的因素。1988年邓小平提出了"科学技术是第一生产力"的著名论断。1995年5月中共中央正式提出"科教兴国"战略。进入21世纪后，一大批支持国家中长期科学和技术发展规划的政策文件陆续出台，这对激发创新动力、鼓励科技创新起到了巨大的推动作用。

第三，遵循"摸着石头过河"理念，对内"先行先试"，总结经验后再逐步推广至全域，以充分拓展国内市场和国际市场。与此紧密关联的有两大举措。一是建立经济特区。1979年7月，中共中央决定采取"特殊政策、灵活措施"的方式，在广东省的深圳、汕头、珠海以及福建省的厦门分别试办经济特区；1984年4月，进一步批准大连等14个城市对

---

① 张宇燕：《中国对外开放的理念、进程与逻辑》，《中国社会科学》2018年第11期，第34—36页。

自 2013 年起，中国已分多批次批准了 18 个自由贸易试验区，形成了东西南北中协调、陆海统筹的开放态势，推动形成了新一轮全面开放格局。图为 2013 年 9 月成立的中国（上海）自由贸易试验区一角。

外开放，鼓励创建经济技术开发区；1988 年和 1990 年，又分别批准建立海南经济特区和上海浦东新区。这些特区、开发区、新区通过创造良好的投资环境，配以关税减免等优惠措施，吸引外商投资，进而引进先进的科学技术、科学的管理理念和方法等，带动和促进了区域经济和国民经济发展。二是设立自由贸易试验区。2013 年 9 月，上海自由贸易试验区作为中国首个自由贸易试验区正式成立。上海自由贸易试验区以制度创新为核心，转变政府职能，深化金融改革，推进投资和贸易便利化，打造国际化、法治化、便利化的良好营商环境，相关经验和做法被上升为制度向全国推行。

2018 年，中国宣布在海南全岛建设自由贸易试验区，支持海南逐步探索、稳步推进中国特色自由贸易港建设，分步骤、分阶段建立自由贸易港政策和制度体系。这是中国着眼于国际国内发展大局，深入研究、

2021 年 2 月 27 日，海南自由贸易港重点项目集中签约仪式在海口举行。34 个重点项目落地海南，协议投资总额约 138 亿元人民币。

统筹考虑、科学谋划作出的重大决策，是彰显中国扩大对外开放、积极推动经济全球化决心的重大举措。

　　第四，越来越积极地参与区域经贸与金融合作。在国际舞台上，中国的对外开放主要体现在以下三个方面。一是积极参与亚太区域合作。1991 年 11 月，中国正式被接纳为亚太经济贸易合作组织成员。2000 年，中国参与清迈倡议机制，对东亚地区金融合作机制建设和东亚地区一体化进程起到重大推进作用。二是建立中国—东盟自由贸易区。这标志着中国参与区域合作进入全新的层级。该自贸区的建立有利于扩大双方贸易和投资，加速区域内各国间的资金流、物流和信息流等，促进区域市场的培育和发展，提升中国与东盟经济一体化水平。三是提出"一带一路"倡议。2013 年 9 月和 10 月，习近平主席在出访期间先后提出共建"丝绸之路经济带"和"21 世纪海上丝绸之路"的重大倡议（简称"一带一路"倡议）。该倡议以共商、共建、共享为基本原则，以深化"五通"（政策沟通、设施联通、贸易畅通、资金融通、民心相通）合作为关键支撑，以构建全面开放新格局为努力方向，积极拓展国际合作新空间，通过深化贸易投资合作、促进基础设施互联互通、加强创新能力开放合作和全球经济治理合作，更好地造福沿线各国乃至世界人民。

第五，稳步推进人民币国际化，拓宽经贸合作领域。人民币成为国际经济金融往来的计价、结算与储备货币，有助于规避汇率风险、降低交易成本，促进中国与其贸易伙伴间的经济一体化，分享大宗商品的定价权，助推国际货币体系多元化。1996 年 12 月，中国先行实现人民币经常项目下的可兑换。后经多年努力，人民币在 2015 年 11 月获准加入国际货币基金组织特别提款权（SDR）货币篮子，并于 2016 年 10 月 1 日正式实施，从而使人民币在成为世界关键货币的道路上迈出了重要一步。当然我们也要清醒地认识到，人民币国际化之路仍很漫长，人民币离国际关键货币还有很大的差距。

第六，参与并推动国际架构变革，完善全球治理，降低全球规则的"非中性"。1980 年中国恢复了在国际货币基金组织和世界银行的成员地位，2001 年正式加入世界贸易组织，2015 年创建亚洲基础设施投资银行。这些行动相继成为中国适应和融入国际体系历程中具有里程碑意义的重大事件。肇始于美国的金融危机给世界各国带来严重负面影响，充分暴露出金融监管的缺陷与国际金融组织的弊端。为了维护国际金融稳定、促进世界经济增长，中国积极推动对世界银行和国际货币基金组织等进行改革。2010 年 4 月世界银行的投票权改革使中国成为其第三大股东国。2016 年 1 月生效的国际货币基金组织份额改革使中国的投票权由之前的第六位升至第三位，国际影响力和话语权亦随之提升。推动共建金砖国家新开发银行、亚洲基础设施投资银行等国际金融机构，则标志着中国开始作为倡导者、引领者迈向世界舞台中央。金砖国家新开发银行主要侧重于基础设施和可持续项目的长期发展融资。金砖国家应急储备安排聚焦于金融稳定，为面临国际收支压力的成员提供短期流动性支持。亚洲基础设施投资银行重点支持对基础设施建设及其他生产性领域的投资，以促进亚洲经济可持续发展。中国在持续推进对外开放的进程中，自身角色正在从国际体系的适应者、参与者向不可或缺者、倡导者、引领者和完善者转变。

中国的对外开放实践是一个不断拓展和深化的历史进程。随着 20 世纪 80 年代末 90 年代初东欧剧变，苏美对峙和"两个平行市场"并存的格局瓦解，世界范围内兴起市场化浪潮，经济全球化深度发展。中国的对外开放进程也随之加速和深化，并最终实现了以下五个方面的转变：一是在开放对象国方面，经历了从"对发达国家开放"，向"对发达国家开放"与"对发展中国家开放"更好结合的转变；二是在开放领域方面，经历了从制造业、实物贸易开放为主，向包括能源、航空、汽车、农业等在内的多种产业及金融、保险、教育、咨询等服务贸易多领域并举开放的转变；三是在开放空间上，经历了从沿海开放拓展到沿海沿边乃至全面开放的转变；四是在开放方向上，经历了对外开放为主向双向开放、共同开放相结合的转变；五是在开放诉求上，经历了从引进外资和先进技术与管理经验，向推动共建全球价值链的转变。

经济全球化是社会生产力发展的客观要求和科技进步的必然结果。经济全球化为世界经济增长提供了强劲动力，促进了商品和资本流动、科技和文明进步、各国人民交往，符合各国共同利益。当前，世界经济仍然面临诸多复杂挑战，新增长动能缺乏，增长分化加剧。把困扰世界的问题简单归咎于经济全球化，搞贸易和投资保护主义，想人为让世界经济退回到孤立的旧时代，不符合历史潮流。正确的选择是，充分利用一切机遇，合作应对一切挑战。①

中共十九大报告强调，中国开放的大门不会关闭，只会越开越大。这是中国对世界的庄重承诺。中国将坚持对外开放的基本国策，奉行互利共赢的开放战略，遵守和维护世界贸易规则体系，推动经济全球化朝着更加开放、包容、普惠、平衡、共赢的方向发展，让经济全球化进程更有活力、更加包容、更可持续，让不同国家、不同阶层、不同人群共享经济全球化的好处。

（二）未来开放发展的重点领域

2018 年 11 月，习近平主席在首届中国国际博览会开幕式上庄严承诺：中国将坚定不移奉行互利共赢的开放战略，实行高水平的贸易和投资自由化便利化政策，推动形成陆海内外联动、东西双向互济的开放格局。中国将始终是全球共同开放的重要推动者，中国将始终是世界经济增长的稳定动力源，中国将始终是各国拓展商机的活力大市场，中国将始终是全球治理改革的积极贡献者。

为进一步扩大开放，中国将在以下方面继续加大推进力度。

第一，继续扩大市场开放。中国有 14 亿多人口，中等收入群体规模全球最大，市场规模巨大、潜力巨大，前景不可限量。中国将增强国内消费对经济发展的基础性作用，积极建设更加活跃的国内市场，为中国经济发展提供支撑，为世界经济增长扩大空间。中国将更加重视进口的作用，进一步降低关税和制度性成本，培育一批进口贸易促进创新示范区，扩大对各国高质量产品和服务的进口。中国将推动进口和出口、货物贸易和服务贸易、双边贸易和双向投资、贸易和产业协调发展，促

---

① 习近平：《习近平谈治国理政》第三卷，北京：外文出版社，2020 年，第 197—198 页。

进国际国内要素有序自由流动、资源高效配置、市场深度融合。

第二，继续完善开放格局。中国对外开放是全方位、全领域的，正在加快推动形成全面开放新格局。中国将继续鼓励自由贸易试验区大胆试、大胆闯，加快推进海南自由贸易港建设，打造开放新高地。中国将继续推动京津冀协同发展、长江经济带发展、长三角区域一体化发展、粤港澳大湾区建设，并将制定黄河流域生态保护和高质量发展新的国家战略，增强开放联动效应。

第三，继续优化营商环境。营商环境是企业生存发展的土壤。2019年10月，世界银行发表《2020营商环境报告》，中国营商环境排名由第46位上升到第31位，提升15位。2019年10月，中国公布了《优化营商环境条例》。今后，中国将继续针对制约经济发展的突出矛盾，在关键环节和重要领域加快改革步伐，以国家治理体系和治理能力现代化为高水平开放、高质量发展提供制度保障。中国将不断完善市场化、法治化、国际化的营商环境，放宽外资市场准入，继续缩减负面清单，完善投资促进和保护、信息报告等制度。中国将营造尊重知识价值的环境，完善知识产权保护法律体系，大力强化相关执法，增强知识产权民事和刑事司法保护力度。

第四，继续深化多双边合作。中国是国际合作的倡导者和多边主义的支持者。中国支持对世界贸易组织进行必要改革，让世界贸易组织在扩大开放、促进发展方面发挥更大作用，增强多边贸易体制的权威性和有效性。中国愿同更多国家商签高标准自由贸易协定，加快中欧投资协定、中日韩自由贸易协定、中国—海合会自由贸易协定谈判进程。中国将积极参与联合国、二十国集团、亚太经合组织、金砖国家等机制合作，共同推动经济全球化向前发展。

第五，继续推进共建"一带一路"。目前，"一带一路"倡议日趋深入人心，中国已经与多个国家和国际组织签订了合作协议。中国将秉持共商共建共享原则，坚持开放、绿色、廉洁理念，努力实现高标准、惠民生、可持续目标，推动共建"一带一路"高质量发展。

五、以共享发展实现共同富裕，改善人民生活

中国发展实践的重要属性之一就是人民性。人民性的含义是：中国发展实践的正确和顺利推进要依靠人民，发展实践的成果要为人民所享有。邓小平 1988 年在谈及改革时指出，中国的改革有很大的风险，但也很有希望成功，关键是"要同人民一起商量着办事，决心要坚定，步骤要稳妥，还要及时总结经验，改正不妥当的方案和步骤，不使小的错误发展成为大的错误"。人民发挥着事前提供智力支持和群众基础，事中与事后开展监督与总结评估的作用。习近平十分强调改革开放的人民性，他指出，要"紧紧依靠人民推动改革。人民是历史的创造者，是我们的力量源泉。改革开放之所以得到广大人民群众衷心拥护和积极参与，最根本的原因在于我们一开始就使改革开放事业深深扎根于人民群众之中。……改革开放积累的宝贵经验，其中很重要的一条就是强调必须坚持以人为本，尊重人民主体地位，发挥群众首创精神，紧紧依靠人民推动改革。没有人民支持和参与，任何改革都不可能取得成功。无论遇到任何困难和挑战，只要有人民支持和参与，就没有克服不了的困难，就没有越不过的坎。我们要贯彻党的群众路线，与人民心心相印、与人民同甘共苦、与人民团结奋斗"[1]。

以人民为中心的发展思想，不是一个抽象的、玄奥的概念，而是体

---

[1] 习近平：《习近平谈治国理政》，北京：外文出版社，2014 年，第 97 页。

现在经济社会发展各个环节。坚持人民主体地位，就是顺应人民群众对美好生活的向往，不断实现好、维护好、发展好最广大人民根本利益。发展为了人民、发展依靠人民、发展成果由人民共享。中国正处于并将长期处于社会主义初级阶段，中国不能做超越阶段的事情，但也不是说在逐步实现共同富裕方面就无所作为，而是要根据现有条件把能做的事情尽量做起来，积小胜为大胜，不断朝着全体人民共同富裕的目标前进。

长期以来，经济增长一直是经济学研究的主流。这在发展中国家尤为明显，表现为人们特别关注导致或阻碍经济增长的原因、看重国家间经济实力对比。尽管公平与效率之争是一个古老的话题，但有关经济增长目的或经济增长成果分配等问题的研究始终没有成为经济学的主流。现在情况有所改变，对"包容性发展"的关注逐渐多了起来。按照通常的理解，实现包容性发展是指实现惠及所有国家和地区、惠及所有人群的发展。作为一种新的经济发展理念，包容性发展的价值取向是公平、公正、共享、共容，倡导的是权利公平、规则公正、成果共享、利益共容。概言之，包容性发展至少包括以下三个维度的含义。[①]

发展应以人为本。这是包容性发展第一个维度的含义。在此，"包容性"的基本含义在于非排他性，在于囊括所有的人，在于体现人人平等。用"包容性"来对发展加以限定，凸显了对单纯追求经济增长的一种修正。它一方面强调发展的目标在于让社会中的每个人受益，另一方面强调受益不仅体现在物质层面，经济发展还须有更高的价值追求。在价值层面上，包容性发展所包含的人不是手段，而是目的本身，这一理念表明了改进所有人的福利才是发展的最终目标。作为一种引申，包容性发展还包含着每个人生来便具有分享经济发展成果之权利。换言之，"包容性"

---

① 张宇燕：《需求"包容性"与"发展"的和谐》，《人民日报》2012年2月3日。

是发展的内在要求，通过它，发展的目的性得以体现。也就是说，强调发展的长期目标在于实现共同富裕，当属包容性发展最为基本的含义。

发展是每个人的事业。这是包容性发展第二个维度的含义。尽管当下人们谈论包容性发展时更多关注的是其第一个维度的含义，但每个人对经济发展所承担的责任同样是不能忽视的。福利的普遍改进是社会进步的目标，而福利改进又只能来自每个人的勤奋工作。人和人的能力不同、机遇各异，对经济发展的贡献有大小之别。如果把包容性发展理解为可以少流汗多享受或可以坐享他人劳动成果，那就是误读。如果说人人拥有分享经济发展成果的权利，那么每个人同时必须承担为经济发展作出力所能及贡献的责任。权利和责任应该而且必须相称。提高发展包容性的过程，是一个更加看重个人对社会所负责任的过程。如果说共同富裕是经济发展的目标，那么其限定词就必须包括"按劳分配"和有劳动能力者"不劳动不得食"。

实现经济发展与共同富裕的和谐统一。这是包容性发展第三个维度的含义。人类整体福利水平的提升只有一个源泉，那就是经济发展。没有经济发展，共同富裕就是无源之水、无本之木。从这一意义上讲，与"包容性"相比，"发展"在排序上是优先的。对于一个相对落后且处于快速工业化和城镇化过程中的国家来说，公众期待通过经济发展迅速改善生活福利水平的愿望更加强烈，因此尤其应当注重经济发展。反过来看，当"包容性"得不到充分满足时，发展的条件或基础就会受到破坏甚至崩塌。而没有社会的和谐稳定，经济发展也是难以持续的。这里，包容性发展展示了这样一种理念："包容性"与"发展"之间并不是鱼与熊掌不可兼得的关系。我们应当努力促进经济发展与共同富裕的和谐统一：在促进经济发展的制度设计中注重缓解不公平；在以公平为首要考虑的制度设计中注意不损害效率。

落实共享发展理念，归结起来有两个层面的重点工作。一是充分调动人民群众的积极性、主动性、创造性，举全民之力推进中国特色社会主义事业，不断把"蛋糕"做大。二是把不断做大的"蛋糕"分好，让社会主义制度的优越性得到更充分体现，让人民群众有更多获得感。要扩大中等收入阶层，逐步形成橄榄型分配格局，减少并最终消灭绝对贫困。2018 年 12 月 20 日，在中国倡议和推动下，第 73 届联合国大会通过了"77 国集团和中国"提交的《消除农村贫困，落实 2030 年可持续发展议程》决议草案。这是联合国大会历史上首次就消除农村贫困问题通过决议。改革开放 40 多年来，中国实现 7 亿多人口摆脱贫困，为全球减贫事业作出了重大贡献。2018 年 2 月，世界银行发布《推进更加包容、更可持续的发展》系统性国别分析报告，称赞中国在减贫方面取得的重大成就。报告指出，从 1978 年到 2014 年，中国人均收入增加了 16 倍，以每人每天生活费 1.9 美元国际购买力平价计，中国的极端贫困发生率由 1981 年的 88.3% 大幅降至 2013 年的 1.9%，超过 8.5 亿中国人摆脱贫困。[1] 2013—2019 年，中国每年减贫人口都在 1000 万人以上，贫困人口从 2012 年底的 9899 万人减至 2019 年底的 551 万人，贫困发生率从 10.2% 降至 0.6%。2020 年 11 月 23 日，贵州省宣布最后 9 个深度贫困县退出贫困县序列，这标志着中国 832 个贫困县全部脱贫摘帽，脱贫攻坚取得了决定性胜利。

中国改革开放以来 40 多年大规模的减贫，特别是 2012 年以来精准脱贫攻坚战的成就和经验说明：持续的经济发展是减贫的基本条件，有利于穷人的经济增长模式是必要的条件，而国家通过扶贫干预为贫困人口创造机会是减贫的充分条件。减贫过程是一个政治经济和社会文化互动的过程，

---

[1] 世界银行：《中国系统性国别诊断：推进更加包容、更可持续的发展》报告，https://documents.shihang.org/zh/publication/documents-reports/documentdetail/436081519311267846/executive-summary。

国家、市场和社会的有机融合是贫困人口发挥脱贫能动性的重要条件。

中国的减贫过程凝聚着中国智慧和中国方案。从中国改革开放 40 多年的减贫过程中，可以研究总结出如下经验：第一，当经济发展和社会公平的程度不再有利于贫困人口受益时，真正意义上的扶贫决策就必然涉及资源的动员和重新配置，因而需要有一个强有力的政治机制。第二，即使能够在社会发展方面有所作为，但是若没有足够的经济增长，一个贫困国家实现根本性的减贫也是非常困难的。第三，仅仅通过农业的增长来减少贫困的路径是有效的，但就发展的历史过程而言并不必然是充分的。第四，中国 40 多年的减贫历史说明，大规模的减贫不可能在一夜间发生。第五，依托市场机制的路径通过收入的不断提高实现减贫，需要考虑国家的干预与市场机制和社会文化机制的协调问题。[①]

在扶持贫困地区加快发展的过程中，中国政府采取一系列政策，激活贫困地区内生发展活力和动力，加强产业扶贫、贫困地区特色优势产业和旅游扶贫、光伏扶贫、电商扶贫等新业态发展。通过生态扶贫、易地搬迁扶贫、退耕还林等，贫困地区生态环境明显改善，实现了生态保护和扶贫脱贫一个战场、两场战役的双赢。通过基础设施和公共服务建设，贫困地区特别是农村基础条件明显改善，改变了贫困地区整体面貌。通过组织开展贫困识别和贫困退出、扶贫项目实施，贫困地区基层治理能力和管理水平明显提高，增强了农村基层党组织凝聚力和战斗力。通过选派第一书记和驻村工作队，锻炼了机关干部，培养了农村人才。[②]

此外，中国扶贫工作整合了全社会扶贫的强大合力。在坚持政府投入主体和主导作用的同时，深入推进东西部扶贫协作、党政机关定

---

① 李小云、徐进、于乐荣：《中国减贫四十年：基于历史与社会学的尝试性解释》，《社会学研究》2018 年第 6 期。

② 习近平：《习近平谈治国理政》第三卷，北京：外文出版社，2020 年，第 149—150 页。

为解决秦巴山区灾害与贫困问题，陕西省自 2011 年启动陕南移民搬迁工程，用 10 年时间搬迁 240 万山区群众。图为陕西省洋县龙亭镇陕南移民搬迁居民新区。

点扶贫、军队和武警部队扶贫、社会力量参与扶贫。2013—2017 年，中央财政专项扶贫资金年均增长 22.7%，省级财政专项扶贫资金年均增长 26.9%。贫困县统筹整合财政涉农资金用于脱贫攻坚，累计整合 5296 亿元。金融部门安排易地扶贫搬迁专项贷款 3500 亿元，扶贫小额信贷累计发放 4300 亿元，扶贫再贷款累计发放 1600 亿元。贫困地区建设用地增减挂钩节余指标流转，累计收益 460 亿元。东西部扶贫协作，342 个东部经济较发达县结对帮扶 570 个西部贫困县，促进了西部地区脱贫攻坚和区域协调发展。定点扶贫畅通了党政机关特别是中央国家机关了解农村和贫困地区的渠道，在扶贫实践中锻炼了干部。与此同时，社会各界也广泛参与扶贫，中央企业开展贫困革命老区"百县万村"帮扶行动，民营企业开展"万企帮万村"精准扶贫行动。这些活动有力推动了贫困地区和贫困群众脱贫致富，也是全社会发展成果全民共享的生动体现。

第三节
新时代中国发展理念的落实

　　当今世界正经历百年未有之大变局。2020 年开始的新冠肺炎疫情全球流行加速了这一变局。保护主义、单边主义上升，世界经济低迷，全球产业链、供应链由于非经济因素而面临冲击，国际经济、科技、文化、安全、政治等格局都在发生深刻调整，世界进入动荡变革期。今后一个时期，世界各国将面对更多不利的外部环境，中国在新阶段的发展思想也必须随之调整。①

　　中国已进入高质量发展阶段，社会主要矛盾已经转化为人民日益增长的美好生活需要和不平衡不充分的发展之间的矛盾，人均国内生产总值达到 1 万美元，城镇化率超过 60%，中等收入群体超过 4 亿人，人民对美好生活的要求不断提高。中国制度优势显著，治理效能提升，经济长期向好，物质基础雄厚，人力资源丰厚，市场空间广阔，发展韧性强大，社会大局稳定，继续发展具有多方面优势和条件。同时，中国发展不平衡不充分问题仍然突出，创新能力不适应高质量发展要求，农业基础还不稳固，城乡

---

① 《习近平：在经济社会领域专家座谈会上的讲话》，新华网 2020 年 8 月 24 日，http://www.xinhuanet.com/politics/leaders/2020-08/24/c_1126407772.htm。

区域发展和收入分配差距较大，生态环保任重道远，民生保障存在短板，社会治理还有弱项。进入新发展阶段，我们要辩证认识和把握国内外大势，深刻认识中国社会主要矛盾发展变化带来的新特征、新要求，努力实现更高质量、更有效率、更加公平、更可持续、更为安全的发展。

一、以畅通国民经济循环为主构建新发展格局

2020年10月，中共十九届五中全会提出，推动形成以国内大循环为主体、国内国际双循环相互促进的新发展格局。这个新发展格局符合中国现在所处的发展阶段和环境，是重塑中国国际合作和竞争新优势的战略抉择。

近年来，随着外部环境和中国发展所具有的要素禀赋的变化，市场

2021年4月21日，博鳌亚洲论坛2021年年会举行"双循环的中国新发展格局"分论坛。

和资源两头在外的国际大循环动能明显减弱，而中国内需潜力不断释放，国内大循环活力日益强劲，客观上有着此消彼长的态势。以国内大循环为主体，能够在客观上更好地推动中国经济增长。

自 2008 年国际金融危机以来，中国经济已经在向以国内大循环为主体转变，经常项目顺差同国内生产总值的比率由 2007 年的 9.9% 降至 2020 年的不到 1%，国内需求对经济增长的贡献率有 7 个年份超过 100%。未来一个时期，国内市场主导国民经济循环特征会更加明显，经济增长的内需潜力会不断释放。中国将坚持供给侧结构性改革这个战略方向，扭住扩大内需这个战略基点，使生产、分配、流通、消费更多依托国内市场，提升供给体系对国内需求的适配性，形成需求牵引供给、供给创造需求的更高水平动态平衡。

新发展格局决不是封闭的国内循环，而是开放的国内国际双循环。中国在世界经济中的地位将持续上升，同世界经济的联系会更加紧密，为其他国家提供的市场机会将更加广阔，成为吸引国际商品和要素资源的巨大引力场。

二、以科技创新催生新发展动能

实现高质量发展，必须实现依靠创新驱动的内涵型增长。中国要进一步提升自主创新能力，尽快突破关键核心技术。这是关系发展全局的重大问题，也是形成以国内大循环为主体、国内国际双循环相互促进的新发展格局的关键。

为此，党中央强调，要充分发挥中国社会主义制度能够集中力量办大事的显著优势，打好关键核心技术攻坚战。要依托中国超大规模市场和完备产业体系，创造有利于新技术快速大规模应用和迭代升级的独特优势，加速科技成果向现实生产力转化，提升产业链水平，维护产业链安全。要发挥企业在技术创新中的主体作用，使企业成为创新要素集成、科技成果转化的生力军，打造科技、教育、产业、金融紧密融合的创新体系。基础研究是创新的源头活水，要加大投入，鼓励长期坚持和大胆探索，为建设科技强国夯实基础。要大力培养和引进国际一流人才和科研团队，加大科研单位改革力度，最大限度调动科研人员的积极性，提高科技产出效率。要坚持开放创新，加强国际科技交流合作。

三、坚持深化改革，激发新发展活力

改革是解放和发展社会生产力的关键，是推动国家发展的根本动力。中国的改革已进行 40 多年，取得了举世公认的伟大成就。社会是不断发展的，只有调节社会关系和社会活动的体制机制随之不断完善，才能不断适应解放和发展社会生产力的要求。

随着中国迈入新发展阶段，改革也面临新的任务，必须破除深层次体制机制障碍，坚持和完善中国特色社会主义制度，推进国家治理体系和治理能力现代化。要守正创新、开拓创新，大胆探索未来发展之路。要坚持和完善社会主义基本经济制度，使市场在资源配置中起决定性作用，更好发挥政府作用，营造长期稳定可预期的制度环境。要加强产权和知识产权保护，建设高标准市场体系，完善公平竞争制度，激发市场主体发展活力，使一切有利于社会生产力发展的力量源泉充分涌流。

四、以高水平对外开放打造国际合作和竞争新优势

当前，国际社会对经济全球化前景有不少担忧。中国认为，国际经

济联通和交往仍是世界经济发展的客观要求。中国经济持续快速发展的一个重要动力就是对外开放。对外开放是基本国策，中国将全面提高对外开放水平，建设更高水平开放型经济新体制，形成国际合作和竞争新优势。中国将积极参与全球经济治理体系改革，推动完善更加公平合理的国际经济治理体系。

五、以共建共治共享拓展社会发展新局面

事实证明，发展起来以后的社会问题不比不发展时少。中国社会结构正在发生深刻变化，互联网深刻改变人类交往方式，社会观念、社会心理、社会行为发生深刻变化。新的时期如何适应社会结构、社会关系、社会行为方式、社会心理等深刻变化，实现更加充分、更高质量的就业，健全全覆盖、可持续的社保体系，强化公共卫生和疾控体系，促进人口长期均衡发展，加强社会治理，化解社会矛盾，维护社会稳定，都需要认真研究。对此，2021 年 3 月公布的"十四五"规划和 2035 年远景目标纲要作出了全面部署。

一个现代化的社会，应该既充满活力又拥有良好秩序，呈现出活力和秩序有机统一。"十四五"规划和 2035 年远景目标纲要提出，要完善共建共治共享的社会治理制度，实现政府治理同社会调节、居民自治良性互动，建设人人有责、人人尽责、人人享有的社会治理共同体。要加强和创新基层社会治理，使每个社会细胞都健康活跃，将矛盾纠纷化解在基层，将和谐稳定创建在基层。要更加注重维护社会公平正义，促进人的全面发展和社会全面进步。

第四章
参与构建可持续发展全球伙伴关系

当前，中国正积极发展全球伙伴关系，扩大同各国的利益交汇点，推进大国协调和合作，构建总体稳定、均衡发展的大国关系框架，按照"亲诚惠容"理念和与邻为善、与邻为伴周边外交方针深化同周边国家关系，秉持正确义利观和"真实亲诚"理念加强同发展中国家团结合作。中国正积极推进"一带一路"国际合作，努力实现政策沟通、设施联通、贸易畅通、资金融通、民心相通，打造国际合作新平台，增添共同发展新动力。中国加大对发展中国家特别是最不发达国家援助力度，促进缩小南北发展差距。中国支持多边贸易体制，支持自由贸易区建设，积极推动建设开放型世界经济。

在实践中，中国秉持共商共建共享的全球治理观，倡导国际关系民主化，坚持国家不分大小、强弱、贫富一律平等，支持联合国发挥积极作用，支持扩大发展中国家在国际事务中的代表性和发言权。中国正积极发挥负责任大国作用，积极参与全球治理体系改革和建设，不断贡献中国智慧和中国力量。①

----

① 参见《习近平谈治国理政》第三卷，北京：外文出版社，2020年，第47页。

第一节
可持续发展全球伙伴关系的内涵

可持续发展全球伙伴关系是随着"后 2015 可持续发展目标"的产生而出现的，其内涵界定与可持续发展目标密不可分。可持续发展全球伙伴关系是一种新型的全球发展伙伴关系，其核心是"可持续发展"。进一步而言，它是指为了实现 2030 年可持续发展目标（SDGs），全球各行为体加强在国际发展领域的合作，进而形成的一种全球范围内的发展合作关系。这个定义可以从以下几个方面来理解[①]：

首先，可持续发展全球伙伴关系。这种关系可理解为可持续发展目标与全球发展伙伴关系的结合。由于可持续发展目标不同于以往的全球发展目标，已有的全球发展伙伴关系需要作出相应的调整才能适应新的全球发展需求。因此，这里的全球发展伙伴关系不再是传统的全球发展伙伴关系，而是与 2030 年可持续发展目标相匹配的新全球发展伙伴关系。

其次，可持续发展全球伙伴关系的主体。国际发展合作是通过合作主体来实现的，这些主体就是实施全球发展活动的平台和载体。可持续

---

① 朱丹丹、孙靓莹、徐奇渊：《重振可持续发展的全球伙伴关系》，北京：社会科学文献出版社，2016 年，第 25 页。

发展全球伙伴关系的实施主体具有多样性，包括双边主体、全球多边主体、区域多边主体、跨区域多边主体、非政府组织等。全球多边主体负责协调全球多边发展合作关系，在国际发展合作框架中处于主导地位，主要包括联合国、世界银行、世界贸易组织、国际货币基金组织、经合组织等。区域多边主体侧重于区域内部双边或多边关系的维护，是对全球多边主体区域职能的有益补充，较为典型的是区域性的多边开发银行，如亚洲开发银行、非洲开发银行、泛美开发银行、亚洲基础设施投资银行等。跨区域多边主体专注于在全球范围内发挥作用，通常由经济发展水平或综合实力较为接近的国家组成，例如金砖国家新开发银行。非政府组织主要包括民间社会团体和私人（跨国）企业，前者多侧重于依靠社会舆论推动全球某一具体领域的发展问题的解决，如世界自然基金会，后者则注重于理顺全球价值链上各个环节的关系，是国际发展合作中最重要的市场力量。

第三，可持续发展全球伙伴关系的内容。目前的国际发展合作模式起源于 1969 年的《皮尔逊报告》，[①] 该报告建议发达国家应该向发展中国家提供官方发展援助（Official Development Assistance，ODA）、技术转移、贸易优惠等，以实现全球共同发展。2000 年 9 月签署的《联合国千年宣言》正式将"全球发展伙伴关系"本身作为第八个目标，以此推动其他七个目标。此后，国际社会一直将促进国际发展合作、推动健康有效的全球发展伙伴关系作为努力方向之一。千年发展目标中的 MDG8 "全球发展伙伴关系" 首次明确界定了国际发展合作的具体内容，包括十六个具体指标，涵盖五个领域：官方发展援助、发展中国家在发

[①] Pearson, L. B. (1970). The Pearson Report：A New Strategy for Global Development. *The UNESCO Courier*. 该报告提出发达国家应该每年将它们0.7%的GNI作为官方发展援助，用于帮助发展中国家。

2019年9月24日，中国国家主席习近平特别代表、国务委员兼外长王毅在纽约联合国总部出席联合国可持续发展目标峰会。图为王毅在会上发言。

达国家的贸易市场准入、发展中国家债务可持续性、发展中国家获得基本医药的程度、发展中国家采用新技术的进展。联合国可持续发展目标第十七条首次界定了可持续发展全球伙伴关系的具体内容，它基本上延续了MDG8的主要内容，同时又增加了一些新的议题，包括：融资、技术、国际贸易、能力建设、系统性议题，使可持续发展全球伙伴关系的内容更为丰富全面。其中，融资主要涉及官方发展援助、发展中国家的债务可持续性（债务减免、重组等）、发展中国家的投资促进等；技术主要涉及技术合作、技术共享、技术转让等；国际贸易涉及多哈回合谈判和多边贸易体系构建、促进发展中国家的市场准入和出口；系统性议题涉及发展政策和宏观经济政策协调、囊括多元主体的可持续发展伙伴关系构建、提高发展中国家的数据统计和监测能力等。

一、可持续发展全球伙伴关系的执行手段

可持续发展全球伙伴关系的执行手段涉及融资、国际贸易、能力建设、技术合作与系统性议题五个方面。其中，发展能力建设即产出能力提高是可持续发展全球伙伴关系最核心、最根本的目标，因为这是投入资源和技术想要达到的最终目的和落脚点，也是交换的来源和基础。对于广大的仍在接受外援的发展中国家来说，外来援助只能解决暂时性的资金短缺问题，从长远来讲，只有培养和提高自身的发展能力，才能最终摆脱外援，实现自主发展。

在短期内，单纯依靠发展中国家自身的力量，很难实现发展能力的迅速提升。给予发展中国家各个方面的支持是可持续发展全球伙伴关系的起点，是实现发展中国家生产能力提升的物质支撑。融资解决的是国际发展合作的资金来源和投入问题，包括国际发展援助、外国直接投资（FDI）、债务减免；技术合作是发达国家对发展中国家的技术转让与合作。资金和技术是解决能力建设、贸易、系统性议题的前提和基础。发展能力建设的过程就是投入转化成产出的过程，当产品生产出来以后，就进入市场交换的过程，对外而言就是国际贸易。国际贸易一方面是为了实现互通有无，满足本国的消费需求；另一方面，也是更为重要的，国际贸易可以带来外汇收入以及国外先进技术，满足未来发展能力建设的资金和技术需求。

在整个可持续发展伙伴关系体系中，系统性议题贯穿于各个环节之中，是其他四个环节有效运行的动力，涉及各国政策协调、多元伙伴关系以及监测问责等。在开展国际发展合作的过程中，必须处理好系统性议题与其他发展问题之间的关联性。首先，系统性议题与融资。在国际援助方面，为了确保国际发展援助有充足的资金来源，就必须吸引各种

发展主体参与到国际援助中来，构建多元化的可持续发展全球伙伴关系，即不仅需要发达国家履行国际援助承诺，还要积极动员其他援助方增加援助资金，包括尽力吸纳各种非政府主体提供发展资金。与此同时，要加强对援助资金来源和使用的监督以及问责，确保资金使用的有效性。而在确保发展中国家的债务可持续性方面，为了避免集体行动困境，债务减免和重组历来需要所有债权人共同协商解决，国际上也因此制定了诸多债权人协调行动的规则和方法；与此同时，为了保证债务减免和重组的合理性、有效性，数据搜集、统计、分析、监测自然必不可少，问责体系也是一种不可或缺的保证。其次，系统性议题与技术合作。技术合作的方式包括南北合作、南南合作以及三方合作，其中三方合作尤其需要发达国家、新兴经济体与其他发展中国家之间的协调。不仅如此，技术开发、技术转移涉及不同国家和不同政府部门、研究机构、高校、企业之间的交流与合作，更充分体现了多元主体参与的重要性。再次，系统性议题与国际贸易。多边贸易体系是构建在多边贸易谈判和各种国际规则的基础上的，多边贸易谈判本身就是一种国际协调，无论是规则的形成，还是规则治理本身，都需要国际协调。虽然国际贸易谈判和规则制定是国家行为，但国际贸易的实施则是一种市场行为，是由企业特别是跨国公司来完成的，这就使得国际贸易领域的参与主体也呈现出多元化的特征。此外，世界贸易组织（WTO）为了促使成员方提高贸易政策和措施的透明度，督促其履行所作的承诺，更好地遵守 WTO 规则，还会对 WTO 成员方的贸易政策和实践及其对多边贸易体制运行的影响进行定期、轮流、全面的监督和审议，这就对全球各国尤其是发展中国家的经济数据系统提出了要求。系统性议题在促进融资、技术、国际贸易发展的同时，也提高了发展中国家的发展能力，从而推进了全球的发展能力建设活动。

二、五种执行手段的具体内容

（一）融资

据世界银行的报告，到 2024 年，全球基础设施建设的缺口会达到 100 万亿美元。单靠国际金融机构体系，无法满足发展中国家庞大的基建投资需求。正因如此，通过各种渠道增加国际发展合作的资金来源和供给迫在眉睫。

整体来讲，融资即确保发展中国家的发展资金来源，主要包括以下三个方面的措施[①]：

1. 官方发展援助

联合国可持续发展目标第十七条规定，"发达国家应全面履行官方发展援助承诺，即发达国家向发展中国家提供占其国民总收入 0.7% 的官方发展援助，以及向最不发达国家提供占比 0.15% 至 0.2% 援助的承诺；鼓励援助方设定目标，将占国民总收入至少 0.2% 的官方发展援助提供给最不发达国家"。国民总收入的 0.7% 这一援助目标，对于目前援助占其国民总收入比重仅有 0.3% 左右的 24 个 OECD/DAC[②] 发达国家而言，无疑是一项非常艰巨的任务。与此同时，虽然这里只是对发达国家的官方发展援助提出了定量的目标，但并不意味着其他的援助国尤其是新兴援助国无须承担国际发展援助的责任。相反，在发达援助国的援助无法满足需求的情况下，其他援助方的作用更为突出，国际期待也愈加高涨。

---

① 朱丹丹、孙靓莹、徐奇渊：《重振可持续发展的全球伙伴关系》，北京：社会科学文献出版社，2016 年，第 31 页。

② OECD/DAC 即经济合作与发展组织发展援助委员会。该委员会成立于 1960 年，是经合组织下负责协调向发展中国家提供官方发展援助的核心机构，由 30 个成员国构成。

2. 外资

联合国可持续发展目标第十七条对外资的规定并不多，只是提及"应该采取促进最不发达国家的投资促进机制"。如果说官方发展援助是通过政府的力量来为发展中国家提供便利且优惠的发展资源，那么外资则是通过市场的力量主动吸引发展资金和技术。这两种方式都是从"开源"角度确保发展资金供给。

3. 债务可持续性

联合国可持续发展目标第十七条强调，"通过政策协调，酌情推动债务融资、债务减免和债务重组，以帮助发展中国家实现长期债务可持续性，处理重债穷国的外债问题以减轻其债务压力"。20 世纪八九十年代以来，随着主权债务的大规模增加，主权债务违约的风险也在不断

2004 年 4 月 24 日，国际货币基金组织和世界银行春季会议举行之际，抗议者在美国华盛顿举行示威游行，反对不公平的经济全球化使贫富国家差距拉大，并要求减免贫穷国家债务。

上升。主权国家债务违约带来一系列严重问题，不仅影响本国经济发展，还可能波及其他国家和地区。庞大的外债和沉重的债务负担是发展中国家长期贫困的原因之一，债务减免和重组是从"节流"角度缓解发展中国家的发展资金短缺困境。其中，债务减免以直接削减债务国的债务存量为主，同时附有一套相应的结构调整计划；债务重组虽然也涉及对债务国的债务减免，但其主要功能还在于调整债务国的支付期限和支付条件。国际上已经形成了一系列债务减免和重组方案，一定程度上帮助发展中国家缓解了债务负担，避免了债务危机的爆发和蔓延。其中，债务减免方案主要有重债穷国动议（Heavily Indebted Poor Countries Initiative，HIPC）和多边减债计划（Multilateral Debt Relief Initiative，MDRI），债务重组方案主要有巴黎俱乐部（Club de Paris）、伦敦俱乐部（Landon Club）、集体行动条款（Collective Action Clauses，CACs）等。

（二）技术

可持续发展全球伙伴关系在技术方面的要求主要包括三个方面：（1）知识共享。"加强在科学、技术和创新领域的南北、南南、三方的区域合作和国际合作，加强获取渠道，加强按照相互商定的条件共享知识，包括加强现有机制间的协调，特别是在联合国层面加强协调，以及通过一个全球技术促进机制加强协调。"（2）技术转让。"以优惠条件，包括彼此商定的减让和特惠条件，促进发展中国家的技术开发以及向其转让、传播和推广环境友好型的技术。"（3）技术应用。"到2017年，促成最不发达国家的技术库、科学技术和创新能力建设机制全面投入运行，促进科技特别是信息和通信技术的使用。"

技术方面目前最大的问题就是技术转让，尤其是环境友好型技术的转让。发达国家对环境污染特别是温室气体排放，以及发展中国家的贫

中国援埃塞俄比亚农业职业教育技术合作项目自 2001 年启动以来，累计为埃塞培训了 5 万多名农业人才，帮助埃塞逐步建立起了适合当地需求的农业职教体系。

负有历史性责任，有义务以优惠条件向发展中国家转让技术。然而，发达国家常常采用知识产权保护的借口拒绝向发展中国家转让技术，或提供技术时附加各种苛刻的条件。国际社会多次呼吁，发达国家应切实消除技术转让的诸多限制，但在实践中这一点往往很难实现。例如，在信息和通信技术使用方面，互联网是通向发展的重要手段。2018 年底，世界人口中超过一半（约 39 亿人）可以使用互联网，其中发达国家中超过 80% 的人口可以使用互联网，发展中国家和最不发达国家的这一比例分别只有 45% 和 20%。与此同时，发展中国家的信息和通信技术质量远远落后于发达国家。[1]

目前，技术方面的合作主要还是南北合作的方式，国际组织在其中

---

[1] United Nations. (2019). The Sustainable Development Goals Report 2019. Retrieved from https://unstats.un.org/sdgs/report/2019/The-Sustainable-Development-Goals-Report-2019.pdf.

也发挥着重要作用。近些年，南南技术合作正在成为南北技术合作的重要补充。在国际组织中，技术合作活动较多、较为典型的主要是世界银行和联合国开发计划署，前者声称将致力于成为一个"知识银行"，后者是世界上最大的多边技术援助机构。国际组织开展技术合作的方式有分析和咨询服务、技术援助、示范项目实施和管理等。发达国家的技术合作方式主要有：技术援助、派遣专家、人员培训、专项方式技术合作、与科研机构和高校合作等。南南技术合作并非仅仅采取发展中国家之间合作的形式，而是大多有发达国家特别是国际组织的参与和支持。因此，可以将南南技术合作的形式分为南—南双边合作，以及南—国际组织—南、南—北—南三方合作。

（三）能力建设

为了确保发展规划的制定符合可持续性，确保其实施具有有效性，发展中国家必须具备制定和实施良好的发展规划的能力。能力建设就是通过人员培训、政策咨询、技术援助等方式，帮助发展中国家建立良好的制度，提高其制定和实施发展政策的能力。为此，应加强国际社会对在发展中国家开展高效的、有针对性的能力建设活动的支持力度，通过开展南北合作、南南合作和三方合作，支持各国落实各项可持续发展目标的国家计划。世界银行、国际货币基金组织、联合国都建立了专门的能力建设机构或小组，支持发展中国家的发展能力建设。能力建设最重要的方式就是人才培训，特别是公共部门人员在制定、实施可持续发展规划和管理发展进程能力方面的培训，这也是国际组织非常重视的一种方式。

（四）贸易

反对贸易保护主义，推进贸易自由化，构建公平、透明、无歧视的多边贸易体系一直是全球贸易治理的主要目标。联合国可持续发展目标第十七条进一步强调，"通过完成多哈发展回合谈判等方式，推动在WTO框架下建立一个普遍的、基于规则的、开放、非歧视和公平的多边贸易体系"。为了实现这一目标，全球贸易伙伴关系集中于关注和解决以下三个问题：其一，多边贸易规则的制定。多边贸易规则是确保国际贸易有序进行的重要法律基础，制定多边贸易规则就是通过多边贸易谈判和对话，在货物贸易、服务贸易等贸易领域制定一套合理的规则框架，用于规范各国的国际贸易活动，以尽可能地避免各种贸易争端。目前的主要任务就是重启并继续推动多哈回合谈判顺利进行下去，以此作为贸易规则制定的平台。其二，消除贸易保护主义，推进贸易便利化和自由化进程，即"按照WTO的各项决定，尽早实现最不发达国家的所有产品永久免关税和免配额地进入国际市场"。其三，"大幅增加发展中国家的出口，尤其是到2020年使最不发达国家在全球出口中的比例翻番"。

（五）系统性议题

可持续发展全球伙伴关系中的系统性议题包括三方面的内容：政策和体制一致性，多元伙伴关系，数据、监测和问责。

政策一致性最核心的内容就是要加强全球各国的可持续发展政策以及宏观经济政策之间的协调和一致性，既包括发达国家和新兴经济体之间的经济政策协调，也包括两者与贫困的发展中国家之间的政策协调，后者事关广大发展中国家的发展主导权问题。在经济全球化背景下，一国（主要是开放中大国）的宏观经济政策通常具有很强的"传递效应"和"溢出效应"，因此一国的宏观经济政策不可避免地会对其他国家的宏观经济发展产生影响，正如别国的经济政策会影响本国内部的宏观经济一样。因此，为了更好地在全球范围内实现可持续发展目标，迫切需要协调各国的可持续发展政策和宏观经济政策。2008 年国际金融危机之后，全球经济政策协调的重要性被历次二十国集团（G20）领导人峰会一再强调。不过，G20 所强调的经济政策协调侧重于宏观经济政策，例如，财政政策协调、货币政策协调、汇率政策协调，而并未提及发展政策协调。长期以来，在发展领域，发达国家和新兴经济体之间的对外发展政策和实践都是遵循各自不同的原则和做法，彼此之间缺乏协调与合作，这不仅影响了他们的对外发展活动的有效性，更给受援方造成额外的管理成本。此外，援助方在开展发展活动时，往往忽略受援方的参与和自主权，甚至会出现"喧宾夺主"的状况，这也会严重削弱其对外发展活动的效果。鉴于此，必须重视发展政策的一致性，加强各国之间的政策协调。

构建多元的发展伙伴关系，就是要动员一切利益攸关方，鼓励和推动建立有效的公—私部门伙伴关系和民间社会伙伴关系，共同收集和分享知识、技能、技术和资金，一道支持所有国家尤其是发展中国家实现可持续发展目标。

数据、监测和问责制度建设本质上是能力建设的一种。任何发展目标都必须有相应的监测、评估和问责机制，才能使各国明确差距，调整和改进发展政策，从而实现预期目标。而监测和问责的基础是可获取的数据，正因如此，联合国可持续发展目标第十七条中明确指出，要支持发展中国家的统计和计量能力建设，协助其获取高质量、及时和可靠的数据。

三、全球治理视角下的可持续发展全球伙伴关系

在一个相互依存度达到前所未有高度的时代，人类面临着日益紧迫的全球问题。战争与和平、国际贸易与金融体系的稳定、气候变化、网

络安全，诸如此类，都属于全球问题。这些问题的一个重要特点是它们的影响是全球性的，与此同时，解决这些问题必须通过世界各国的合作。从这个意义上说，全球治理是一个很好的审视可持续发展全球伙伴关系的视角。当今世界上，本该得到解决的全球问题还远远没有得到解决，构建可持续发展全球伙伴关系的本质就是构建一个合理的全球治理体系结构，从和平、稳定、互利共赢的全球伙伴关系出发，解决发展问题，推动世界朝着更为合理的方向发展。

然而，必须看到，尽管解决这些问题原则上符合每个国家的利益，但人类社会还远远没有得到问题的"最优解"。这里存在一个"悖论"，那就是对所有人都有好处的事情常常办不成。换句话说，人类共同利益的存在并不必然导致各国齐心协力解决全球问题。

上述全球问题迟迟得不到解决的一个重要原因，在于人类所处的世界是一个没有世界政府的世界。对具体国家而言，有效的政府可以通过强制性征税来提供解决国内问题的手段，让各个政府部门或公检法机构承担提供国内公共产品的义务。但在世界舞台上，每个国家都是主权国家，而国家主权在原则上是不得侵犯的。作为逻辑延伸，每个国家的目标便是使国家利益最大化。国家追求自身利益最大化本无可厚非，但在资源稀缺和存在大量溢出效应或外部性的世界里，追求自身利益最大化的国家之间，出现利益冲突在所难免。

阻碍全球得到有效治理的原因不仅仅是利益冲突的存在，还和全球治理的一个性质密切相关。全球治理指的是充分且有效地提供解决全球问题的公共产品，比如各种国际规则或全球制度。这里的关键问题是，提供全球公共产品是有成本的。一旦要各个国家作贡献，或者说一旦涉及成本分担和利益分配问题，马上就会遇到一个非常关键的集体行动问题。考虑到公共产品的享用是不排他的，因而所有人都想让别人对公共

2018 年 7 月 10 日，作为 2018 年联合国可持续发展高级别政治论坛的边会之一，"中国在实现可持续发展目标全球伙伴关系中的角色"研讨会在美国纽约举行。

产品的提供作贡献而自己坐享其成。这样一来，全球公共产品自然供给不足了。奥尔森在《集体行动的逻辑》中集中讨论的就是这类问题。

由于世界政府缺位，在这个意义上，可以认为当前的世界秩序是内生的。每个国家都对全球公共产品有所期待，但共同利益并不必然催生对大家都有利的集体行动。考虑到各个国家的规模与实力不同，与形形色色的全球公共产品的利益攸关度各异，因此现实世界中有效的或"相容"的激励常常就是带有选择性的，全球秩序或国际制度大多是非中性的，同一制度对不同国家往往意味着不同的影响。

构建可持续发展全球伙伴关系，其内涵主要体现为平等、民主、合作、责任和规则等五个关键词。

平等是构建可持续发展全球伙伴关系的基础。随着全球性问题的日益凸显，世界各国和非国家行为体都或主动或被动地加入可持续发展的进程之中。在共同的问题与挑战面前，人类社会逐渐形成了一个命运共同体。在没有世界政府的情况下，每个行为体都是可持续发展进程的平等参与者，任何一方都不应凌驾于他者之上。中国一贯主张，国家不分大小、强弱、贫富，都是国际社会平等一员，这与构建可持续发展全球伙伴关系的主体平等性要求完全一致。

民主是构建可持续发展全球伙伴关系的价值理念。可持续发展是全人类共同的事业，与世界各国人民的利益息息相关，公平正义由此成为世界各国参与全球可持续发展事业所追求的崇高目标。而现实情况是，在全球发展进程中，公平正义还远未实现，不合理的国际经济秩序、国际经济结构仍然存在。为此，中国一直致力于推动国际关系民主化，主张世界的命运必须由各国人民共同掌握，世界上的事情应该由各国政府和人民共同商量来办。离开了民主协商，可持续发展议程将重新陷入旧的国际经济秩序之中，沦为少数国家垄断国际事务的工具，其行动也必定不会成功。

合作是构建可持续发展全球伙伴关系的主要实现途径。可持续发展涉及的范围很广，所涉及的大都是一些关系到整个人类生存与发展的严峻问题。这些问题的解决远远超出单个或少数国家的能力范围，因而需要世界各国的共同努力来应对。只有寻求利益契合点和合作最大公约数，体现各方智慧和创意，各施所长，各尽所能，才能让合作成果惠及全人类。这种合作不是封闭式的、排他性的，而是开放的、互利共赢的，任何国家和团体只要有意愿便可加入这一进程。

实现经济增长是构建可持续发展全球伙伴关系的核心内容。可持续发展的基础和依托是经济的持续稳定增长，进而带动可持续发展十七个目标的实现。脱离经济增长的可持续发展将是无源之水、无本之木。经济增长推动整个财富源泉不断扩大，在动态的增长之中求发展，进而可实现消除贫困、性别平等、环境保护等多维目标。中国明确提出了自身作为负责任大国的战略定位，并且正在成为可持续发展全球伙伴关系重要的建设者、参与者。这充分体现了中国与国际社会其他成员共同应对全球性问题、维护人类共同利益的责任担当。

规则是构建可持续发展全球伙伴关系的主要手段。世界各国参与构建可持续发展全球伙伴关系，最终需要借助一定形式的国际规则或机制加以界定并得以体现。巩固、维护现有国际、多边、诸边以及双边既有经济协议秩序，有利于降低各国分工合作中的交易成本，减少行动和效果的不确定性，并为可持续发展目标的实现提供充分且正向的激励。各国在构建可持续发展全球伙伴关系过程中的话语权，也主要体现在国际规则的制定权、解释权和执行权等方面。

第二节
构建创新、活力、联动、包容的世界经济

世界经济又走到了一个关键当口。科技进步、人口增长、经济全球化等过去数十年推动世界经济增长的主要引擎都先后进入换挡期，对世界经济的拉动作用明显减弱。上一轮科技进步带来的增长动能逐渐衰减，新一轮科技和产业革命尚未形成势头。世界主要经济体先后进入老龄化社会，人口增长率下降，经济社会发展面临压力。经济全球化出现波折，保护主义、内顾倾向抬头，多边贸易体制受到冲击。金融监管改革虽有明显进展，但高杠杆、高泡沫等风险仍在积聚。如何让金融市场在保持稳定的同时有效服务实体经济，仍然是各国需要解决的重要课题。

在这些因素综合作用下，世界经济虽然总体保持复苏态势，但仍然面临增长动力不足、需求不振、金融市场反复动荡、国际贸易和投资持续低迷等多重风险和挑战。面对当前挑战，中国主张，各国应该加强宏观经济政策协调，合力促进全球经济增长、维护金融稳定。各国应采取更加全面的宏观经济政策，统筹兼顾财政、货币、结构性改革政策，努力扩大全球总需求，全面改善供给质量，巩固经济增长基础，同时应继续加强政策协调，减少负面外溢效应。

此外，世界各国应创新发展方式，挖掘增长动能，做到短期政策和中长期政策并重，需求侧管理和供给侧改革并重，通过创新、结构性改革、新工业革命、数字经济等新方式，为世界经济开辟新道路，拓展新边界。

各国应建设开放型世界经济，继续推动贸易和投资自由化便利化，发挥基础设施互联互通的辐射效应和带动作用，帮助发展中国家和中小企业深入参与全球价值链，推动全球经济进一步开放、交流、融合。

在当前形势下，各国应落实2030年可持续发展议程，促进包容性发展。据有关统计，现在世界基尼系数已经达到0.7左右，超过了公认的0.6"危险线"，必须引起世界各国的高度关注。[①] 应该把发展置于全球各项议程的突出位置，共同制定落实2030年可持续发展议程行动计划。同时，通过支持非洲和最不发达国家工业化、提高能源可及性、发展普惠金融、鼓励青年创业等方式，减少全球发展不平等和不平衡，使各国人民共享世界经济增长成果。

一、"一带一路"倡议是构建创新、活力、联动、包容的世界经济的重要载体

当今世界面临的各种难题，追根溯源都与发展鸿沟、发展赤字有关。全球范围看，发展领域仍面临巨大融资缺口，落实联合国2030年可持续发展议程任重道远。

中国提出共建"一带一路"倡议，目的就是动员更多资源，拉紧互联互通纽带，释放增长动力，实现市场对接，让更多国家和地区融入经济全球化，共同走出一条互利共赢的康庄大道。第一届和第二届"一带一路"

---

① 参见《习近平谈治国理政》第二卷，北京：外文出版社，2017年，第473页。

国际合作高峰论坛的成功举办表明，这一倡议是合民心、顺潮流的好事，得到国际社会普遍欢迎和支持。国际社会应继续将发展置于宏观经济政策协调的优先位置，增加发展投入，用实实在在的行动引领发展合作。这既是对广大发展中国家期待的回应，也是为世界经济增长增添持久动力。

2014 年中国制定了《丝绸之路经济带和 21 世纪海上丝绸之路建设战略规划》，2015 年对外发布了《推动共建丝绸之路经济带和 21 世纪海上丝绸之路的愿景与行动》。"一带一路"成为中国参与创新、活力、联动、包容的世界经济体系的一个重要载体。"一带一路"以政策沟通、设施联通、贸易畅通、资金融通、民心相通为主要内容，它不仅致力于全方位推进务实合作，还致力于打造政治互信、经济融合、文化包容的利益共同体、命运共同体和责任共同体。所有这些均与国际规则或机制密切相关，都涉及全球治理的不同维度。从国际层面看，"一带一路"体现了中国对国际合作以及全球治理模式创新的积极贡献，符合国际社会的根本利益。从国内层面看，"一带一路"是统筹国内国际两个大局的重要抓手，是中国参与全球治理的顶层设计。中国与世界其他国家一道共建"一带一路"，不仅为全球治理增添了新的正能量，也彰显了中国负责任大国形象。

共建"一带一路"倡议，目的是聚焦互联互通，深化务实合作，携手应对人类面临的各种风险挑战，实现互利共赢、共同发展。近 10 年来，在各方共同努力下，"六廊六路多国多港"①的互联互通架构基本形成，

① "六廊"是指打通六大国际经济合作走廊，包括新亚欧大陆桥、中蒙俄、中国—中亚—西亚、中国—中南半岛、中巴、孟中印缅经济走廊。"六路"是指畅通六大路网，推动铁路、公路、水路、空路、管路、信息高速路互联互通。"多国"是指培育若干支点国家，根据推进"一带一路"建设的需要，结合沿线国家的积极性，在中亚、东南亚、南亚、西亚、欧洲、非洲等地区培育一批共建"一带一路"的支点国家。"多港"是指构建若干海上支点港口，围绕 21 世纪海上丝绸之路建设，通过多种方式，推动一批区位优势突出，支撑作用明显的重要港口建设。

贸易畅通是"一带一路"建设的重要内容。自首趟中欧班列于 2011 年开行，截至 2022 年 7 月，中欧班列累计开行超过 5.7 万列，货值累计近 3000 亿美元。图为一趟中欧班列驶出二连浩特口岸。

一大批合作项目落地生根，首届高峰论坛的各项成果顺利落实，近 150 个国家和 30 多个国际组织同中国签署了共建"一带一路"合作文件。共建"一带一路"倡议同联合国、东盟、非盟、欧盟、欧亚经济联盟等国际和地区组织的发展和合作规划对接，同各国发展战略对接。从亚欧大陆到非洲、美洲、大洋洲，共建"一带一路"为世界经济增长开辟了新空间，为国际贸易和投资搭建了新平台，为完善全球经济治理拓展了新实践，为增进各国民生福祉作出了新贡献，成为共同的机遇之路、繁荣之路。①

共建"一带一路"，顺应了经济全球化的历史潮流，顺应了全球治理体系变革的时代要求，顺应了各国人民过上更好日子的强烈愿望。在

---

① 参见《习近平谈治国理政》第三卷，北京：外文出版社，2020 年，第 490 页。

"一带一路"建设中，中国与各合作方始终秉持以下原则：

第一，共商、共建、共享原则。倡导多边主义，大家的事大家商量着办，推动各方各施所长、各尽所能，通过双边合作、三边合作、多边合作等各种形式，把大家的优势和潜能充分发挥出来，聚沙成塔、积水成渊。

第二，开放、绿色、廉洁理念。"一带一路"建设没有排他性，致力推动绿色基础设施建设、绿色投资、绿色金融，共同以零容忍态度打击腐败。中国发起了《廉洁丝绸之路北京倡议》，同各方共建风清气正的丝绸之路。

第三，高标准、惠民生、可持续目标。引入各方普遍支持的规则标准，推动企业在项目建设、运营、采购、招投标等环节按照普遍接受的国际规则标准进行，同时尊重各国法律法规。中国主张，要坚持以人民为中心的发展思想，聚焦消除贫困、增加就业、改善民生，让共建"一带一路"成果更好惠及全体人民，为当地经济社会发展作出实实在在的贡献，同时确保商业和财政上的可持续性，做到善始善终、善作善成。

二、"一带一路"建设为创新、活力、联动、包容的世界经济提供了丰富的内容

基础设施是许多国家面临的发展痛点，也是"一带一路"建设的核心内容。建设高质量、可持续、抗风险、价格合理、包容可及的基础设施，有利于各国充分发挥资源禀赋，更好融入全球供应链、产业链、价值链，实现联动发展。在"一带一路"建设中，中国正在同各方携手构建以新亚欧大陆桥等经济走廊为引领，以中欧班列、陆海新通道等大通道和信息高速路为骨架，以铁路、港口、管网等为依托的互联互通网络。中国将继续发挥共建"一带一路"专项贷款、丝路基金、各类专项投资

设施联通是"一带一路"建设的优先领域,也是"一带一路"倡议提出以来建设成效最突出的领域。图为 2017 年 5 月,完全采用中国技术、中国标准的肯尼亚蒙内铁路全线开通,列车从蒙内铁路马泽拉斯铁路大桥上驶过。

基金的作用,发展丝路主题债券,支持多边开发融资合作中心有效运作。中国欢迎多边和各国金融机构参与共建"一带一路"投融资,鼓励开展第三方市场合作,通过多方参与实现共同受益的目标。[①]

推动生产要素流动。活跃的商品、资金、技术、劳动要素流动,将为经济增长提供强劲动力和广阔空间。"一带一路"建设的重要方面之一,是促进贸易和投资自由化便利化,反对保护主义,推动经济全球化朝着更加开放、包容、普惠、平衡、共赢的方向发展。中国将同更多国家商签高标准自由贸易协定,加强海关、税收、审计监管等领域合作,建立

---

① 参见《习近平谈治国理政》第三卷,北京:外文出版社,2020 年,第 492 页。

共建"一带一路"税收征管合作机制,加快推广"经认证的经营者"国际互认合作。中国还制定了《"一带一路"融资指导原则》,发布了《"一带一路"债务可持续性分析框架》,为共建"一带一路"融资合作提供指南。

拥抱数字化、网络化、智能化发展机遇。中国将同沿线国家共同探索新技术、新业态、新模式,探寻新的增长动能和发展路径,建设数字丝绸之路、创新丝绸之路。这将从总体上推动世界经济的创新性水平,提高世界经济活力。

推进科技人文交流、联合实验室建设、科技园区合作以及技术转移。中国将积极实施创新人才交流项目,同沿线国家开展共同交流、培训、合作研究。支持各国企业合作推进信息通信基础设施建设,提升网络互联互通水平。

帮助发展中国家摆脱贫困,实现可持续发展。"一带一路"倡议提出共建可持续城市联盟、绿色发展国际联盟,制定《"一带一路"绿色投资原则》,促进可持续发展目标实现。

建设生态环保大数据服务平台。在"一带一路"建设中,中国将继续实施绿色丝路使者计划,并同有关国家一道,实施"一带一路"应对气候变化南南合作计划。此外,中国还将在"一带一路"建设中深化农业、卫生、减灾、水资源等领域国际合作,同联合国在发展领域加强合作,努力缩小发展差距。

中国将深入开展教育、科学、文化、体育、旅游、卫生、考古等各领域人文合作,加强议会、政党、民间组织往来,密切妇女、青年、残疾人等群体交流,形成多元互动的人文交流格局。

中国将邀请共建"一带一路"国家的政党、智库、民间组织等代表来华交流。鼓励和支持沿线国家社会组织广泛开展民生合作,联合开展一系列环保、反腐败等领域培训项目，深化各领域人力资源开发合作。持续实施"丝绸之路"中国政府奖学金项目，举办"一带一路"青年创意与遗产论坛、青年学生"汉语桥"夏令营等活动。中国还将设立共建"一带一路"国际智库合作委员会、新闻合作联盟等机制，汇聚各方智慧和力量。

三、推动整体开放水平提高的创新方式

（一）中国特色自由贸易港

在打造对外开放新高地方面，中国支持自由贸易试验区的深化改革创新，持续深化差别探索，加大压力测试，重视自由贸易试验区改革开放的试验田作用。中国以构建海南自由贸易港政策和制度体系为突破口，进一步加快探索建设中国特色自由贸易港进程。这是中国对外开放的重大举措，将进一步推动形成更高层次改革开放的新格局。

2018年，中国宣布建设海南岛自由贸易试验区，支持海南逐步探索、稳步推进中国特色自由贸易港建设，分步骤、分阶段建立自由贸易港政策和制度体系。自由港是当今世界最高水平的开放形态。海南建设自由贸易港符合中国国情，符合海南发展定位，是学习和借鉴国际自由港的先进经营方式、管理方法的有益探索。中国欢迎全世界投资者到海南投资兴业，积极参与海南自由贸易港建设，共享中国发展机遇、共享中国改革成果。

海南岛自由贸易试验区的建设，以制度创新为核心，赋予试验区更大的改革自主权，加快形成法制化、国际化、便利化的营商环境和公平开放统一高效的市场环境。在出台高水平贸易和投资便利化政策情况下，对外资全面实施准入前国民待遇加负面清单管理制度，围绕种业、医疗、

教育、体育、电信、互联网、文化、维修、金融、航运等重点领域，深化现代农业、高新技术产业、现代服务业对外开放，推动服务贸易加快发展，保护外商投资合法权益，推进航运逐步开放。

（二）中国国际进口博览会

首届中国国际进口博览会于 2018 年 11 月举办，至今已经成功举办四届。中国国际进口博览会，是迄今为止世界上第一个以进口为主题的国家级展会，是国际贸易发展史上的一个创举。举办中国国际进口博览会，是中国着眼于推动新一轮高水平对外开放作出的重大决策，是中国主动向世界开放市场的重大举措。这体现了中国支持多边贸易体制、推动发展自由贸易的一贯立场，是中国推动建设开放型世界经济、支持经济全球化的实际行动。

第三节
中国参与新全球可持续发展伙伴关系

一、中国开启新时代高水平开放新征程

过去 70 多年间，中国人民在站起来、富起来、强起来的征程上迈出了决定性的步伐，中国与世界的关系发生了深刻变化。中国的对外开放也逐步实现了从追求自身发展到推动全球共同发展的转变。新的历史时代，中国共产党人将维护世界和平与促进共同发展作为肩负的三大历史重任之一。2012 年 12 月，习近平总书记在北京人民大会堂同在华工作的外国专家代表座谈时强调，中国是合作共赢倡导者践行者，中国的事业是得到世界各国人民支持的事业，是向世界开放学习的事业，是同世界各国合作共赢的事业。习近平指出，"国际社会日益成为一个你中有我、我中有你的命运共同体。面对世界经济的复杂形势和全球性问题，任何国家都不可能独善其身、一枝独秀，这就要求各国同舟共济、和衷共济，在追求本国利益时兼顾他国合理关切，在谋求本国发展中促进各国共同发展，建立更加平等均衡的新型全球发展伙伴关系，增进人类共同利益，

共同建设一个更加美好的地球家园"。①

如今，一个更加开放的中国不断为推动世界经济强劲、可持续、平衡、包容增长和实现各国高质量发展与共同繁荣作出贡献，并因此成为全球共同发展当之无愧的重要推动者和贡献者，在世界经济高质量发展过程中扮演日益重要的角色。2021年中国国内生产总值超过114万亿元人民币，按平均汇率折算，经济总量达到17.7万亿美元，稳居世界第二位；全年货物贸易进出口总额达39.1万亿元人民币，连续5年保持世界第一。中国经济的快速发展为世界经济注入了强劲动力，多年来中国对世界经济增长的贡献率超过30%。

从被动的适应者，到主动融入者，再到有力的倡导者引领者，中国的对外开放贯穿国民经济发展的不同时期，始终保持着旺盛的生命力和活力，并逐步实现从追求自身发展到推动共同发展的转变。

中共十八大以来，以习近平同志为核心的党中央确立了开放发展新理念，加快构建开放型经济新体制，全面推进"一带一路"国际合作，推动建设开放型世界经济，积极参与全球经济治理，对外开放取得新的重大成就。2013年4月，习近平主席在同出席博鳌亚洲论坛2013年年会的中外企业家代表座谈时强调，中国开放的大门不会关上；中国将在更大范围、更宽领域、更深层次上提高开放型经济水平；中国的大门将继续对各国投资者开放，希望外国的大门也对中国投资者进一步敞开。中方坚决反对任何形式的保护主义，愿通过协商妥善解决同有关国家的经贸分歧，积极推动建立均衡、共赢、关注发展的多边经贸体制。

中共十九大将对外开放提升至新的高度，提出主动参与和推动经济

---

① 《习近平同外国专家代表座谈》，人民网2012年12月5日，http://politics.people.com.cn/n/2012/1205/c1024-19805123.html。

2019年3月15日，十三届全国人大二次会议表决通过《中华人民共和国外商投资法》，自2020年1月1日起施行。这是中国进一步扩大对外开放、积极促进外商投资的重要举措。

全球化进程，发展更高层次的开放型经济，推动形成全面开放新格局。以"一带一路"建设为重点，中国坚持"引进来"和"走出去"并重，遵循共商共建共享原则，加强创新能力开放合作，不断推动形成陆海内外联动、东西双向互济的开放格局。中国倡导各国要同舟共济，促进高水平的贸易和投资自由化便利化，推动经济全球化朝着更加开放、包容、普惠、平衡、共赢的方向发展。这些新的论断和布局，反映了中共十八大以来中国开始以更加积极主动的姿态推动新时代对外开放砥砺前行，推动全球开放经济体系的建设和全球治理体系的改革。

近几年来，中国推出了一系列改革开放的重大战略举措，不断推动更高水平对外开放，为世界经济高质量发展创造了新的机遇。2018年4月，习近平主席在博鳌亚洲论坛年会开幕式上宣布了大幅度放宽市场准入、创造更有吸引力的投资环境、加强知识产权保护、主动扩大进口等四项扩大开放的重大举措；同年 11 月，习近平主席在首届中国国际进口博览会开幕式上宣布了激发进口潜力、持续放宽市场准入、营造国际一流营商环境、打造对外开放新高地、推动多边和双边合作深入发展等进一步扩大开放的新举措；2019 年 6 月，在二十国集团领导人大阪峰会，习近平主席再次宣布中国将进一步开放市场、主动扩大进口、持续改善营商环境、全面实施平等待遇、大力推动经贸谈判等对外开放重大举措。

可以说，新时代中国的对外开放，既是中华人民共和国成立以来对外交往历程的延续，更实现了开放理念、手段和目标的创新，展现出以习近平同志为核心的党中央在复杂多变的国际环境中的战略定力、气魄和担当。从被动的适应者到主动融入者，再到有力的倡导者引领者，中国的对外开放贯穿于国民经济发展的不同时期，并始终保持着旺盛的生命力和活力。通过新一轮若干重大举措，中国正在加快形成对外开放新局面，努力实现高质量发展。

70 多年的发展历程充分表明，中国的发展离不开世界，世界的繁荣也需要中国。中国通过对外开放实现自身发展，但不以牺牲别国利益为代价来获取对外开放的收益；同时，发展起来的中国不搞一家独大或者赢者通吃，而是努力寻求利益共享，实现共赢目标，推动构建人类命运共同体。

二、坚持和维护"共商共建共享"新理念

长期以来，中国积极参与全球治理，贡献完善全球治理的中国方案，为人类社会应对 21 世纪的各种挑战作出了重要贡献。在中国的全球治理方案中，也包括了中国对构建可持续发展全球伙伴体系的设想与方案。

坚持发展中大国身份是中国参与构建可持续发展全球伙伴关系的基本前提。目前，中国的发展中国家地位仍未发生实质性改变，同时

中国又是一个举足轻重的全球性大国。这是中国参与构建可持续发展全球伙伴体系的两个基本身份定位。一方面，作为世界第二大经济体，中国应承担合理的国际责任，这既是中国主动参与全球经济治理的题中之义，又是中国负责任大国形象的具体展示；另一方面，中国仍是发展中国家的一员，应把维护自身利益同维护广大发展中国家共同利益结合起来，既要看到自身发展对世界的要求，同时也要看到国际社会特别是发展中国家对中国的期待。因此，中国应积极推动可持续发展全球伙伴关系健康发展，使之更充分地反映国际政治经济格局变化，不断提高新兴市场和发展中国家的发言权和代表性，并保护最不发达国家的利益免受损害。

"共商共建共享"是中国参与可持续发展全球伙伴关系的基本理念。共商，意即全球治理的基本原则、重点领域、规则机制、发展规划等都由所有参与方共同商议并形成共识；共建，意即发挥各方优势和潜能，共同推进全球治理体系的改革与创新；共享，意即各参与方公平分享全球治理的成果和收益。"共商共建共享"理念倡导集思广益、各施所长、各尽所能、成果共享，充分体现了中国参与可持续发展全球伙伴关系的开放性和包容性，顺应了国际关系民主化的发展潮流。践行这一理念，就是要充分发挥所有行为体尤其是广大发展中国家的积极性和能动性，体现各方关切和诉求，更好地维护各方正当权益，让所有参与方拥有更多获得感。

权利与义务相平衡是一项公认的国际法原则，也是中国参与可持续发展全球伙伴关系的基本原则。随着综合国力的不断增强，中国在力所能及的范围内承担了越来越多的国际责任和义务，为促进世界经济增长和完善新型全球伙伴关系作出了自己的贡献。在承担责任和义务的同时，中国也需要享受与之相匹配的权利。在现行的全球伙伴关

巴基斯坦卡西姆港燃煤电站是中巴经济走廊首个落地的大型能源项目，建成后年均发电量约 90 亿千瓦时，可满足当地 400 万户家庭用电需求。图为卡西姆港燃煤电站工人监测仪器数据。

系中，以美国为代表的发达国家是各种规则和机制的主导者，也是当前全球治理体系最主要的受益者，而广大的新兴市场国家和发展中国家却难以享受公平待遇，也难以发挥与自身实力相符的影响力。坚持正确义利观，逐步提高中国在全球伙伴关系中的发言权和决策权，既是中国承担更大责任的基本要求，也是推动全球伙伴关系向着更为公正合理方向发展的必由之路。

总之，中国积极参与构建可持续发展全球伙伴关系，推动可持续发展全球伙伴关系不断发展完善，顺应了人类发展的潮流，应和了国际社会对中国的期待。两千多年前的孔子写道："己欲立而立人，己欲达而达人"，其中所阐述的思想与当今中国构建可持续发展全球伙伴关系可谓一脉相承。中国将积极推动构建可持续发展全球伙伴关系，促进达成更多惠及各国人民的成果，与各国携手共同创造一个更加美好的世界。

第四节
以"一带一路"推动新时代国际发展合作

中华人民共和国自成立以来，一直秉持国际主义精神和人道主义精神，关注和支持其他发展中国家改善民生、谋求发展的事业。2012年中共十八大以来，中国发展进入新时代。中国提出构建人类命运共同体、共建"一带一路"等新思想新倡议，倡导正确义利观和真实亲诚、亲诚惠容理念，在一系列重大国际场合宣布务实合作举措，为破解全球发展难题、推动落实联合国2030年可持续发展议程提出中国方案、贡献中国智慧、注入中国力量。[①]

一、中国的国际发展合作观

随着中国国际发展合作进入新时代，新的有时代特色的国际发展合作观也在日益成熟。中国的国际发展合作观来自中国国际发展合作的实践，在中国探索"一带一路"建设的过程中不断丰富、发展和完善。具

---

① 《新时代的中国国际发展合作》白皮书，中华人民共和国国务院新闻办公室2021年1月发布，http://www.scio.gov.cn/zfbps/32832/Document/1696685/1696685.htm。

体来说，中国开展国际发展合作的使命是构建人类命运共同体；价值导向是坚持正确的义利观；基本定位是开展南南合作；重要平台是共建"一带一路"；主要方向是帮助其他发展中国家落实联合国 2030 年可持续发展议程。

首先，以推动构建人类命运共同体为使命。当今世界，各国相互依存、休戚与共。各国都应继承和弘扬联合国宪章的宗旨和原则，构建以合作共赢为核心的新型国际关系，打造人类命运共同体。中国开展国际发展合作，帮助其他发展中国家减少贫困、改善民生，就是希望能够与发展中国家一道，通过开展国际发展合作来缩小南北发展差距、消除发展赤字，建设相互尊重、公平正义、合作共赢的新型国际关系。中国开展国际发展合作的最终目标，就是构建人类命运共同体，建设持久和平、普遍安全、共同繁荣、开放包容、清洁美丽的世界。

其次，以坚持正确义利观为价值导向。义，反映的是共产党人、社会主义国家的理念。这个世界上一部分人过得很好，一部分人过得很不好，不是个好现象。真正的快乐幸福是大家共同快乐、共同幸福。中国希望全世界共同发展，特别是希望广大发展中国家加快发展。利，就是要恪守互利共赢原则，不搞我赢你输，要实现双赢。中国有义务对贫穷的国家给予力所能及的帮助，有时甚至要重义轻利、舍利取义，绝不能唯利是图、斤斤计较。中国坚定奉行独立自主的和平外交政策，在南南合作框架下向其他发展中国家提供力所能及的援助，对农业、基础设施、教育、医疗卫生、人力资源开发合作、清洁能源等领域的援助不断增强，这充分说明中国外交注重和维护的不是一己之利，而是国际道义和国际关系基本准则。

第三，以南南合作为基本合作定位。南南合作，即发展中国家间的经济技术合作。它既是发展中国家自力更生、谋求进步的重要渠道，也

2016 年 4 月，南南合作与发展学院成立，标志着中国与南南国家的合作从资金与工程支持转向发展智慧与发展理念的交流。图为 2017 年 7 月，南南学院首届硕士研究生毕业典礼。

是广大发展中国家基于共同的历史遭遇和独立后面临的共同任务而开展的相互之间的合作。中国是发展中国家的一员，是南南合作的积极倡导者和支持者。未来，中国将继续承担与自身发展阶段和实际能力相适应的国际责任，促进南南合作深化发展，实现联合自强。

第四，以共建"一带一路"为重要平台。"一带一路"是"丝绸之路经济带"和"21 世纪海上丝绸之路"的简称，主要依托中国与有关国家已有的双边、多边机制，借助既有区域合作平台，积极发展中国与沿线国家的经济合作伙伴关系，力求实现政治互信、经济融合以及文化包容。以共建"一带一路"为平台，中国的国际发展合作积极参与、配合"一带一路"建设，促进相关国家政策沟通、设施联通、贸易畅通、资金融通、民心相通，为将"一带一路"打造成为和平之路、繁荣之路、开放之路、绿色之路、创新之路、文明之路、廉洁之路作出积极贡献。

第五，以帮助其他发展中国家落实2030年可持续发展目标为重要方向。联合国2030年可持续发展议程包含17个目标，由联合国193个成员国在2015年9月召开的可持续发展峰会上共同制定，旨在从2015年到2030年间指导全球行动解决发展问题，包括消除贫困和饥饿、应对气候危机、实现性别平等、扩大受教育机会等，以让全球走上可持续发展道路。作为指导全球发展合作的纲领性文件，联合国2030年可持续发展议程与"一带一路"倡议相互促进又高度契合。近年来，全球落实可持续发展目标取得了一定进展，但全球发展不平衡不充分的现象仍然突出。中国正在通过开展更为紧密的国际发展合作，优化发展伙伴关系，帮助有需要的国家提升发展能力，加快落实可持续发展目标，最终实现共同繁荣。

二、中国开展国际发展合作的具体措施

中国开展国际发展合作，既有郑重庄严的承诺，更有实实在在的行动。习近平主席在多个重大国际场合宣布中国开展国际发展合作的一系列务实举措，为全球发展作出中国贡献。

第一，履行大国责任，积极为全球发展提供公共产品。2015年9月，在联合国成立70周年系列峰会期间，习近平主席宣布中国将在5年内提供"6个100"项目支持（包括100个减贫项目、100个农业合作项目、100个促贸援助项目、100个生态保护和应对气候变化项目、100所医院和诊所、100所学校和职业培训中心），帮助实施100个"妇幼健康工程"和100个"快乐校园工程"，设立南南合作援助基金，设立中国—联合国和平与发展基金，提供来华培训和奖学金名额，免除有关国家无

息贷款债务，设立南南合作与发展学院和国际发展知识中心等重要举措。2020 年 5 月 18 日，在第 73 届世界卫生大会视频会议开幕式上，习近平主席宣布中国将在 2 年内提供 20 亿美元国际援助、与联合国合作在华设立全球人道主义应急仓库和枢纽、建立 30 个中非对口医院合作机制、中国新冠疫苗研发完成并投入使用后将作为全球公共产品、同二十国集团成员一道落实"暂缓最贫困国家债务偿付倡议"等支持全球抗疫的一系列重大举措。[①] 2021 年，中国政府全年累计实施各类援助项目 1000 余个，高效开展对 107 个国家和 4 个国际组织的疫苗援助。截至 2022 年 1 月，中国已对外提供新冠疫苗超过 20 亿剂，是全球对外提供疫苗最多的国家。此外，中国也是 G20 国家中参与暂缓最贫困国家债务偿付倡议（DSSI）并提供缓债额度最大的国家。

第二，依托"一带一路"合作平台，加大对其他发展中国家的援助力度。在 2017 年首届"一带一路"国际合作高峰论坛上，习近平主席宣布中国将在未来 3 年内提供 600 亿元人民币援助，建设更多民生项目；提供 20 亿元人民币紧急粮食援助，向南南合作援助基金增资 10 亿美元，实施 100 个"幸福家园"、100 个"爱心助困"、100 个"康复助医"等项目；向有关国际组织提供 10 亿美元等一系列重要举措。在 2019 年第二届"一带一路"国际合作高峰论坛上，习近平主席宣布中国将实施"一带一路"应对气候变化南南合作计划，深化农业、卫生、减灾、水资源等领域合作，邀请 1 万名代表来华交流，鼓励和支持沿线国家社会组织广泛开展民生合作，持续实施"丝绸之路"中国政府奖学金项目等一系列重要举措。

---

① 《新时代的中国国际发展合作》白皮书，中华人民共和国国务院新闻办公室 2021 年 1 月发布，http://www.scio.gov.cn/zfbps/32832/Document/1696685/1696685.htm。

第三，通过区域合作机制，提出同各地区发展中国家的合作方案。在中非合作论坛、上海合作组织、中国—葡语国家经贸合作论坛、中国—阿拉伯国家合作论坛、中国—拉共体论坛、中国—加勒比经贸合作论坛、中国—太平洋岛国经济发展合作论坛等双多边会议上，中国提出了一系列援助措施，帮助有关国家促进经济社会发展、增进民生福祉。在 2015年 12 月中非合作论坛约翰内斯堡峰会上，习近平主席宣布，中国将在 3年内，同非方重点实施中非工业化、农业现代化、基础设施、金融、绿色发展、贸易和投资便利化、减贫惠民、公共卫生、人文、和平与安全等"十大合作计划"。在 2018 年 9 月中非合作论坛北京峰会上，习近平主席宣布中国将同非洲共同实施产业促进、设施联通、贸易便利、绿色发展、能力建设、健康卫生、人文交流、和平安全等"八大行动"。在2020 年 6 月中非团结抗疫特别峰会上，习近平主席宣布中国将继续全力支持非洲国家抗疫行动，并将同非方一道，加快落实中非合作论坛北京峰会成果，将合作重点向健康卫生、复工复产、改善民生领域倾斜，携手构建更加紧密的中非命运共同体。

三、助力共建"一带一路"国际合作

"一带一路"倡议提出后，在深入了解有关国家发展需要的基础之上，中国积极采取措施推动政策沟通、设施联通、贸易畅通、资金融通和民心相通项目，为各国培育发展潜能创造机遇，共同推动高质量"一带一路"建设。

第一，加强与沿线国家的政策沟通。政策沟通是推进"一带一路"建设的重要保障。中国逐步构建了以高峰论坛为引领、以多双边合作机制为支撑的"一带一路"复合型国际合作架构，并在此框架下加强与"一带一路"共建国家的战略对接、规划对接、机制平台对接和项目对接。围绕基础设施互联互通合作、国际产能和装备制造标准化、贸易便利化、技术标准化等与共建"一带一路"相关的主题，中国为相关国家举办了4000余期官员研修项目。研修项目为各国政策沟通搭建了交流平台，参训人员就"一带一路"建设更好对接非洲联盟《2063年议程》、《东盟互联互通总体规划2025》、欧盟欧亚互联互通战略等区域发展规划，以及巴基斯坦"新巴基斯坦"、老挝"变陆锁国为陆联国"、菲律宾"大建特建"、哈萨克斯坦"光明之路"、蒙古国"发展之路"等有关国家发展战略开展交流，谋划合作，推进共建"一带一路"。

第二，加快"一带一路"基础设施互联互通。基础设施互联互通是共建"一带一路"的优先领域之一。中国积极支持推动"一带一路"国家陆海天网四位一体联通，以"六廊六路多国多港"为基本框架，构建以新亚欧大陆桥等经济走廊为引领，以中欧班列、陆海新通道等大通道和信息高速路为骨架，以铁路、港口、管网等为依托的互联互通网络，打造国际陆海贸易新通道。

支持打通六廊六路建设。配合中巴经济走廊建设，在巴基斯坦先后实施了一系列路段改扩建项目。2020年7月，历时3年半，中巴经济走廊重大交通项目喀喇昆仑公路二期升级改造项目全线通车。2021年12月，中巴经济走廊最大交通基础设施项目白沙瓦—卡拉奇高速公路项目正式移交巴基斯坦国家公路局。上述一批项目的完成，极大地促进了中巴陆路贸易繁荣。为推进中国—中南半岛、孟中印缅经济走廊建设，中国企业在孟加拉国、缅甸、老挝、柬埔寨援建道路、桥梁、隧道等基础设施项目，促进了东南亚与南亚区域的互联互通和联合发展。在中国—中亚—西亚经济走廊，吉尔吉斯斯坦南北公路相关路段的建设和塔吉克斯坦道路修复项目的实施，改善了当地公路交通状况。疫情暴发以来，海运受阻、运费高企，中欧班列凭借其稳定高效优势逆势增长，为全球产业链供应链稳定发挥了重要作用。中欧班列已实现月行千列、年行万列。截至 2021 年 10 月底，已铺画 73 条运行线路，通达欧洲 23 个国家的 175 个城市，累计开行超 4.6 万列，成为贯穿欧亚大陆的国际贸易"大动脉"，展现出"一带一路"的强大韧性与活力。

支持 21 世纪海上丝绸之路物流航道。中国以 21 世纪海上丝绸之路的重点港口为节点，支持建设通畅、高效的运输大通道。以港口为载体完善沿线地区基础设施建设，打通物流障碍，促进经济要素高效流通，这已成为中国在东南亚、南亚、非洲、欧洲等沿线地区培育产业、促进贸易的特定模式。中国支持建设的毛里塔尼亚友谊港扩建项目，显著提高了港口的吞吐能力，缓解了货船积压滞港现象，成为 21 世纪海上丝绸之路的贸易物流节点。

支持空中枢纽建设。为满足日益增长的航空运输需求，中国帮助巴基斯坦、尼泊尔、马尔代夫、柬埔寨、孟加拉国、赞比亚、津巴布韦、多哥等国实施机场升级扩建项目，提高了其机场运营能力和安全性，增加了客货运吞吐量，带动了当地旅游业发展，为跨境人员流动和贸易往来带来更多便利，为相关国家融入"一带一路"创造了更多机遇。

第三，推动"一带一路"国家之间贸易畅通。贸易是经济增长的重要引擎。中国通过促贸援助，帮助相关国家改善贸易条件、提升贸易发展能力，为共建"一带一路"国家间实现贸易畅通夯实基础。

以中国国际进口博览会为依托，扩大对发展中国家的进口。为有效推动发展中国家对华出口，中国已经给予最不发达国家对华出口的近 5000 个税目商品零关税待遇。在一系列零关税举措的推动下，中国自 2008 年以来，一直位居最不发达国家第一大出口市场。进博会的举办，为最不发达国家的企业提供了与中国买家直接沟通交流的机会，直接放大了进口的溢出效应。中国积极邀请广大发展中国家参加进博会，免除最不发达国家的参展费用，而且利用"云招商""云逛展""云签约"等线上展会与线下展会相互融合的方式，让广大发展中国家切实分享到数字贸易的发展红利。进博会是中国创新援外实施方式的重要举措，推动了发展中国家的数字化转型，有助于这些国家实现赋能发展。

促进贸易便利化。为了切实提高发展中国家在全球价值链中的竞争力，推动"一带一路"共建国家改善基础设施，实现物流现代化，中国先后向格鲁吉亚、亚美尼亚、坦桑尼亚、肯尼亚、菲律宾等20多个国家援助了集装箱检查设备，加快货物通关速度和效率，更有力地打击走私犯罪。中国支持老挝建立农村电子商务政策、规划和体系，帮助缅甸、柬埔寨等国建设农产品检测、动植物检验检疫和粮食仓储体系，提高其农产品出口竞争力。2013—2018年，中国为相关国家举办300多期与贸易相关的专题研修项目，涉及贸易便利化、国际物流运输与多式联运服务、电子商务、出入境卫生检疫、出入境动植物检验检疫、进出口食品安全等，推动相关国家贸易政策对接协调，畅通自由贸易网络。

第四，促进"一带一路"资金融通。中国积极支持有关国家完善金融体系、共建融资合作平台。中国支持"一带一路"国家优化金融环境，为参与国际金融体系创造条件。2015年，中国援建老挝国家银行卡支付系统，为维护老挝金融稳定、促进周边国家资金融通发挥了积极作用。2018年，中国与国际货币基金组织建立联合能力建设中心，为共建"一带一路"国家完善宏观经济金融框架提供智力支持。截至2018年底，该中心已成功举办20期课程班，培训中国以及40多个"一带一路"参与国家官员约600人。

搭建多边融资合作平台。为扩大发展中国家融资来源，降低融资成本，2019年3月，中国财政部与世界银行、亚洲基础设施投资银行、亚洲开发银行、欧洲投资银行、欧洲复兴开发银行、泛美开发银行、拉丁美洲开发银行、国际农业发展基金共同成立多边开发融资合作中心。此后，非洲开发银行、新开发银行、伊斯兰开发银行先后加入，参与多边开发融资合作中心的机构达到 11 家。通过信息分享、支持项目前期准备和能力建设，推动国际金融机构及相关发展伙伴基础设施互联互通，该中心将为"一带一路"建设聚集更多资金红利。

第五，增进"一带一路"国家之间的民心相通。在"一带一路"倡议的"五通"之中，民心相通是最基础、最坚实、最持久的互联互通，也是其他"四通"的重要基础。中国通过实施民生援助，扩大与沿线国家的人文交流、文化合作，筑牢"一带一路"合作发展的民情民意。

聚焦民生问题，建设民生工程。中国与共建"一带一路"国家合作实施一批住房、供水、医疗、教育、乡村道路、弱势群体救助等民生项目，帮助补齐基础设施和基本公共服务短板。中国帮助科特迪瓦、喀麦隆、埃塞俄比亚、吉布提等国建设供水系统，解决民众饮水难、水质差等问题。为斯里兰卡、塞内加尔、几内亚、尼日尔、莫桑比克、刚果（金）、南苏丹、牙买加、苏里南、多米尼克等国援建的医院，提升了当地医疗服务水平，使民众看病更加便捷。帮助白俄罗斯建设社会保障住房，改善弱势群体居住和生活条件。2016—2019 年，帮助斯里兰卡、巴基斯坦、乌兹别克斯坦等国 2000 余名白内障患者重见光明。

2014 年 11 月，中国提出实施"东亚减贫合作倡议"，开展乡村减贫推进计划，建立东亚减贫合作示范点。自 2017 年 7 月起，中国在老挝、柬埔寨、缅甸等国 6 个贫困村实施"东亚减贫示范合作技术援助项目"，为示范村新建饮水、桥梁、道路、电力等基础设施，建设村民活动中心、卫生室、学校等公共服务设施，为贫困户新建和改建住房、厕所和环保设施，改善了示范村的生产生活条件和村容村貌；组织村民开展肉牛和

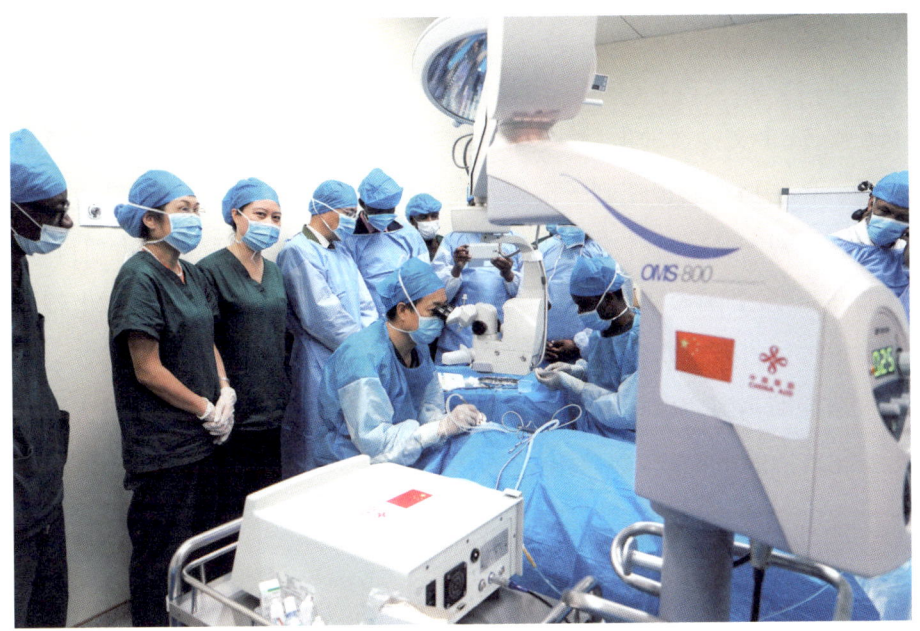

2016 年 5 月至 6 月，中国医疗队赴科摩罗开展"光明行"活动，为 537 名白内障患者实施复明手术，并对当地眼科医护人员进行培训。

家禽等养殖、玉米和蔬菜等种植、水稻和花生等作物良种良法示范、织布和竹编等手工业、乡村旅游、庭院经济、外出务工等技术培训，多渠道增加村民收入，提升示范村和村民的自我发展能力。"东亚减贫示范合作技术援助项目"的模式及成效受到东盟国家部长、联合国粮农组织等国际机构代表的高度评价，被称为"减贫合作的标杆"。[1]

深化民间交往，促进民间文化交流。中国邀请"一带一路"沿线国家的代表来华访问，增进其对中国国情和文化的了解。向老挝、文莱等共建"一带一路"国家派出青年志愿者，这些志愿者成为促进民心相通

---

[1] 《人类减贫的中国实践》白皮书，中华人民共和国国务院新闻办公室 2021 年 4 月发布，http://www.gov.cn/zhengce/2021-04/06/content_5597952.htm。

和文化交流互鉴的桥梁。

加强文化交流，鼓励文化合作。中国与 17 个共建"一带一路"国家开展 33 个文物援助项目，包括柬埔寨吴哥窟、缅甸蒲甘地区震后受损佛塔、乌兹别克斯坦花剌子模州希瓦古城等保护修复项目和哈萨克斯坦伊赛克拉特古城拉哈特遗址、孟加拉国毗河罗普尔遗址联合考古项目等。在非洲 20 多个国家实施"万村通"项目，为 1 万个村庄安装数字电视，为当地村民打开了解世界的新窗口。为塞舌尔、科摩罗、坦桑尼亚、毛里求斯援助实施广电中心合作项目，提高其广播电视传播能力，成为当地文化传播的重要载体。①

---

① 《新时代的中国国际发展合作》白皮书，中华人民共和国国务院新闻办公室 2021 年 1 月发布，http://www.scio.gov.cn/zfbps/32832/Document/1696685/1696685.htm。

第五章
发展方案的国际比较

　　第二次世界大战后，各个国家和地区根据各自不同的历史背景和发展情况，选择了不同的发展道路。中国在改革开放后的经济发展模式，被许多经济学家认为不仅适合中国，也为不断寻求自身发展与融入国际秩序的广大发展中国家提供了新的发展思路。

　　世界上没有放之四海而皆准的发展模式。中国主张，各国应该尊重世界文明多样性和发展模式多样化，应该从不同的文明和发展实践中汲取智慧，促进世界共同发展繁荣。

第一节
二战后各国发展模式与经验

一、东亚模式

"东亚模式"并没有严格的具有权威性的界定。一般而言，它主要被理解为东亚各国（地区）在促进经济高速发展中的成功的共同做法或经验。"东亚模式"的本质是：东亚各国（地区）在经济落后的情况下为追赶西方发达国家，以发展经济实现工业化为目标，成功创造了一条在落后国家（地区）实现经济赶超的道路。

20世纪60年代以来，包括日本和"亚洲四小龙"（中国香港、新加坡、韩国和中国台湾）在内的东亚国家和地区经济实现了长足发展，成为在全世界极具竞争力的经济体。世界银行将东亚各国和地区快速发展的事实称为"东亚奇迹"。80年代，日本已经发展成为"第二大最具生产力的开放经济体"（Johnson，1982：VII）。上述国家和地区在实现经济增长的同时，缩小贫富差距以及降低绝对贫困的目标也得以实现。日本和"亚洲四小龙"可谓自二战以来顺利跨越"中等收入陷阱"的经济体典范，这在发展中国家和地区的发展中较为少见。

世界银行 1993 年的研究认为，"东亚模式"主要基于以下几点特征：稳定的宏观经济环境，高储蓄率及投资率，高质量人力资本，以贤能为基础的官僚结构，较低的收入差距，出口激励，工业化的成功，外国直接投资以及相应的技术转移。[1]美国哈佛大学教授珀金斯则认为，"东亚模式"的特征主要表现在：良好稳定的政治环境，劳动生产率的迅速提高，"出口导向"的外向型经济发展战略，以及成功的土地改革政策和低水平的收入不均。[2]在"东亚模式"下，各经济体的增长除了具有特殊的结构性特征外，还有赖于国家和地区间经济增长的"雁阵模型"。"雁阵模型"是指以日本为领头雁，以东亚其他经济体为群雁，根据比较优势的动态变化，将劳动密集型产业从日本依次转移到"亚洲四小龙"、东盟各国和中国东南沿海地区的东亚经济发展模式。

始发于东南亚地区的 1997 年金融危机，引发了人们对"东亚模式"的再认识和新探索，但无论如何，东亚经济起飞及其发展路径，对发展中国家经济社会崛起的示范作用是值得肯定的。

二、拉美模式

在二战后几十年内，虽然拉美国家比东亚国家更早地建立了独立经济体系，但与亚洲各经济体特别是"亚洲四小龙"相比，大多数拉美国家的发展过程几经起伏波折，至今尚未跨越"中等收入陷阱"。

拉美国家经济社会发展始终面临的痼疾，是在经历了数次历史性机遇或改革努力后，仍未能实现少数西方国家意义上的发达状态，未能跨

---

[1]　World Bank. (1993). *The East Asian Miracle: Economic Growth and Public Policy.* New York: Oxford University Press.

[2]　Perkins, D.H. (1986). *China, Asia's Next Economic Giant?* Seattle: University of Washington Press.

越"中等收入陷阱"。19世纪初陆续取得独立的拉美国家一直将主要精力放在经济独立发展方面。然而，殖民统治时代遗留下来的经济结构影响很大，拉美国家经济始终依赖初级产品出口拉动。20世纪30年代初，全球经济危机重创拉美经济，拉美国家选择了出口初级产品的外向型经济发展模式。此后，在西方各种经济理论和激进民族主义思潮影响下，结构主义为主的经济发展理论逐渐成为拉美国家经济发展的指导，具有强烈民族主义、保护主义色彩的"进口替代"发展方案出台，指导拉美国家实践经济结构变革和经济现代化。同时，拉美国家通过关税和非关税壁垒，以及为本国企业提供各种优惠的办法，限制外国产品竞争，保护本国工业发展。50年代，随着非耐用消费品国内市场基本饱和，拉美逐渐转向耐用消费品和资本密集型产品的进口替代生产。在遇到发展瓶颈之后，受"依附论"和民族主义运动普遍高涨的影响，拉美国家强调国有化及加强国家对经济活动的控制和直接干预、推动"进口替代"进一步深入，力图在尽可能少受外部影响的封闭或半封闭条件下建立国内较为完整的工业体系，进而凭此参与国际竞争，赶上发达国家的发展水平。然而，在各国经济相互依存程度越来越高、国际间生产要素流动日趋迅速、产业结构不断升级的条件下，这种发展模式很难奏效。工业化的不断发展需要更多的进口原料、中间产品和资本密集型机器设备，全面"进口替代"进一步加剧了拉美经济的对外依赖程度，同时带来国际收支失衡，经济体系更加脆弱。拉美国家与发达国家的发展差距在这一时期进一步拉大。80年代初期发生债务危机后，拉美国家在新自由主义理论影响下，被迫转向市场化的外向型发展模式，并从东亚实施过的政策措施中吸取经验。但由于此时国际形势已经发生巨大变化，国家累积的运行体制和运行机制弊端阻碍了经济的迅速转型。

"资源诅咒"也成为"拉美模式"的标签之一。自然资源作为物质生产的必要投入品，是经济发展的重要物质基础，资源相对丰裕的国家通常蕴含了更大的发展潜力。然而，现实的结果表明，自然资源禀赋丰裕的国家往往比那些资源稀缺的国家增长更慢。

与拉美国家发展轨迹相比，东亚经济体在战后初期也曾实施过"进口替代"的工业化发展道路。东亚经济体实施"进口替代"工业化过程中，对民族工业的保护程度较拉美国家更低。从20世纪60年代开始，当"进口替代"发展接近国内和地区内资源承载限度之后，东亚经济体冲破了结构主义"中心—外围"理论，通过抓住动态比较利益学说和产品生命周期理论，将本国和地区内成本低廉的劳动力与国外转移技术相结合，在低成本优势及出口导向指引下，确立了各国和各地区在纺织品、成衣、木材加工等劳动密集型产业方面的国际比较优势。70年代后，当其他发展中国家的低劳动力成本优势超过这些国家和地区时，东亚经济体没有受到民族主义或依附理论的影响，转而利用发达国家产业海外转移机会，承接发展技术密集型和资本密集型产业，实现了经济结构升级。80年代之后，东亚各经济体进一步调整经济发展模式，形成了自由化、国际化和出口市场多元化发展的格局。

总体来说，"拉美模式"和"东亚模式"是各国和各地区根据不同历史背景和发展情况作出的发展实践，在当时对各地区的经济增长和社会发展起到了不同程度的推动作用。

三、针对发展中国家提出的"华盛顿共识"

1989年，美国国际经济研究所原所长、曾在世界银行任职的经济学家约翰·威廉姆森系统地提出指导拉美经济改革的10项主张，也即"华盛顿共识"。其主要内容包括：（1）加强财政纪律，压缩财政赤字，

2008 年 11 月 16 日，联合国开发计划署在北京发布《2007/08 中国人类发展报告》。报告指出，改革开放使中国在人类发展方面取得巨大进步，人类发展指数处于历史最高水平，接近"高人类发展国家"的标准。

降低通货膨胀率，稳定宏观经济形势；（2）把政府开支的重点转向经济效益高的领域和有利于改善收入分配的领域，如文教卫生和基础设施；（3）开展税制改革，降低边际税率，扩大税基；（4）实施利率市场化；（5）采用一种具有竞争力的汇率制度；（6）实施贸易自由化，开放市场；（7）放松对外资的限制；（8）对国有企业实施私有化；（9）放松政府的管制；（10）保护私人财产权。上述十点主张得到了西方主要经济机构的认同。[1]美国学者诺姆·乔姆斯基在他的《新自由主义和全球秩序》一书中明确指出："新自由主义的华盛顿共识指的是以市场经济为导向的一系列理

---

[1]　Williamson, J. (2004). The strange history of the Washington consensus. *Journal of Post Keynesian Economics*, 27(2), 195-206.

论，它们由美国政府及其控制的国际经济组织制定，并由它们通过各种方式实施。"①

按照这一政策，很多发展中国家将摆脱危机的出路放在"推行经济自由化、私有化、市场化和一体化"，其实质是实行西方式的自由化的市场经济。

20世纪90年代，"华盛顿共识"和"休克疗法"的新自由主义政策曾在拉美以及俄罗斯等国家广泛传播。但实施一系列自由化政策后，这种放任自流的经济发展模式使一些拉美国家的民族工业丧失了国际竞争力，政府失去了对经济的宏观调控能力，从而导致贫富差距不断加剧，社会矛盾激化，"华盛顿共识"模式面临危机。

四、"北京共识"与中国模式

2004年5月，美国《时代》杂志前任编辑、中国清华大学兼职教授雷默首次提出"北京共识"的概念。雷默将"北京共识"定义为以下几个方面：一是坚持贯彻改革创新和试验，利用创新减少改革的摩擦损失；二是坚持将可持续性和平等作为发展首要考虑的条件；三是坚持独立自主的发展道路，反对"华盛顿共识"，坚持依据中国自身条件参与全球化，在经济发展过程中积累具有不对称力量的工具，例如巨额外汇储备。雷默认为，中国通过上述方式在实现国家独立的同时，实现经济快速增长。②

创新和实验是"北京共识"的内核，其所体现的发展模式既务实又

---

① Chomsky, N. (1999). *Profit over people: Neoliberalism and Global Order.* New York: Steven Stories Press.

② Ramo, J. C. (2004). *The Beijing Consensus: Notes on the New Physics of Chinese Power.* London: Foreign Policy Centre.

理想，解决问题灵活施策，因事而异，不强求整齐划一。它不仅关注经济发展，也同样注重社会变化，通过发展经济与完善管理改善社会。雷默认为，中国的经济发展模式不仅适合中国，也适合寻求经济发展和改善人民生活的发展中国家。对于全世界不断寻求自身发展与融入国际秩序的发展中国家而言，对于想保持真正独立与保护自己历史文化传统和政治选择的国家而言，"北京共识"提供了新的道路。

第二节
发展经济学的研究脉络

　　亚当·斯密在《国富论》中提到的斯密定理指出，分工是经济增长的源泉，分工取决于市场的大小，市场的大小取决于运输的条件。[①]虽然《国富论》洋洋数十万言，但斯密对增长的逻辑解释却言简意赅，那就是：经济增长来源于劳动生产率的提高；劳动生产率的提高导因于分工和专业化程度的加强；分工和专业化程度的加强来源于市场规模的扩大。

　　17 至 19 世纪英国自由主义政策制度以及 19 世纪西欧自由化改革政策是亚当·斯密这段话的最经典体现。马克思·韦伯、罗森伯格、巴泽尔、布劳德和诺斯认为，资本主义制度直接推动了现代经济发展，这种制度环境决定了交易条件，进一步影响了分工水平和市场规模，这反过来又影响发展效果，并成为推动制度变迁的动力。

　　在这一时期，西欧和北大西洋地区的经济政治制度、分工程度与其优越的地理环境相得益彰。18 世纪英国的特殊条件，形成了推动经济发展的独特政治法律制度。这些政治法律制度又在 19 世纪通过西欧国家的创造性模仿与修订继续在欧洲大陆传播。它们极大地降低了交易费用，

[①]　杨小凯、张永生：《新兴古典发展经济学导论》，《经济研究》1999 年第 7 期。

推动了分工升级，为重要的经济组织形成奠定了基础。分工演化带来的结构变化被称为工业化，其中包括工业产出份额的上升以及投资率和储蓄率的提高。工业部门收入份额上升的过程意味着社会从自给自足转向高度分工状态。在没有工业化和工业分工的自给自足社会，每个人需要自行生产所有必需的农产品和工业用品，但在高分工水平中，就有了农民和职业制造商之间的分工。生产工业品的收入份额及其相关投资额的上升，意味着生产过程中的分工发展。技术进步也因分工水平的提高而内生出现。这一过程中，生产力和个人收入得到稳定提高，发展进一步推动了意识形态和相关制度的改进。因此，现代经济发展至少包括五个层面的内涵：地理政治格局；意识形态、行为准则、道德规范和政治法律制度；商业制度、工业组织和商业实践；分工和相关经济结构演进；总和生产力和福利。[①]

这些现代经济发展经历，同样涉及广大发展中国家。但是，"发展经济学"这一名词直到二战后才出现，成为与欠发达和发展中国家直接相关的应用经济学分支。发展经济学将注意力的重点主要放在分工以及相关经济结构的演进、经济总量和福利的提高方面。最具典型性的代表"发展中国家经济学"的一个重要因素——"援助"，从这一时期开始进入并成为发展内容的核心之一。

二战后，发展经济学逐渐兴起。发展经济学家之所以针对发展中国家开展研究，除了支持发展中国家发展的道义责任感之外，主要是由于

---

① Lewis, W. A. (1995). *The Theory of Economic Growth.* New Haven: Yale University Press. Chenery, H. B. (1979). *Structural Change and Development Policy.* New York: Oxford University Press. Kuznets, S. (1966). *Modern Economic Growth.* New Haven: Yale University Press. Kaldor, N. (1957). A model of Economic Growth. *Economic Journal,* 67, 591-624. Jones, E. L. (1981). *The European Miracle: Environments, Economics and Geopolitics in the History of Europe and Asia,* Cambridge: Cambridge University Press.

从这一时期开始，发展中国家进入现代化新阶段，各国所采取的不同政策为发展经济学研究提供了丰富的新样本。根据罗斯托的观点，发展经济学的发展进程可以划分为六个阶段。[1]

一、各国针对战后的计划（20 世纪 40 年代中前期）

二战后，对于先进工业国的经济学家来说，其关注重点仍在欧洲，欧洲复兴仍然是先进工业国家经济政策的当务之急。虽然发展中国家对此表示不满，但在这一阶段，中东和亚洲的大部分地区都陷入内战，或正在进行脱离殖民主义的斗争。与此同时，拉丁美洲迎来了一段贸易条件改善的美好时期，其形势要大大好于1951年相对价格变化之后的情况。发展经济学在这一阶段研究的重点，其一是在二战中获得独立的东欧、东南欧国家的工业化问题；其二是与这些欠发达国家和地区进行经济交往将对先进工业国产生何种影响。

罗丹以及曼德尔鲍姆的研究，为东欧、东南欧国家的工业化提供了思路。东欧和东南欧在当时属于国际萧条地区，在该地区实现工业化有助于通过提供生产性就业机会解决农村剩余人口，推动实现世界经济结构平衡。罗丹[2]为该地区设计了战后十年发展计划，旨在通过提高国内储蓄、吸引外资、利用德国战争赔款以及新移民补充劳动力等措施，满足工业化初期对资金和劳动力的需求，在实现工业化的同时，将东欧和东南欧的经济增长率从实质性停滞提高到4%以上。曼德尔鲍姆[3]的研究对象同样是东欧

[1] Rostow, W. W., & Kennedy, M. (1990). *Theorists of economic growth from David Hume to the present: with a perspective on the next century.* New York: Oxford University Press.

[2] Rosenstein-Rodan, P. N. (1943). Problems of industrialization of eastern and south-eastern Europe. *The Economic Journal,* 53(210/211), 202-211.

[3] Mandelbaum, K., & Schneider, J. R. L. (1945). *The industrialisation of backward areas.* Oxford: B. Blackwell.

和东南欧地区，包括保加利亚、希腊、匈牙利、波兰、罗马尼亚和南斯拉夫，探索上述国家在人口压力大、贫困和工业落后的情况下如何实现工业化。曼德尔鲍姆运用投入—产出表，为该地区设计了五年工业计划，包括该阶段对国内及国外资金的需求，如何吸收过剩人口特别是农村隐性失业人口等。该研究中的五年计划虽然包含了一些与现实并不相符的假设条件，如不考虑政策的具体执行、属于短期框架分析（劳动生产率和储蓄率不变）等，但仍然为这一时期的发展中国家如何通过发展计划在初始工业化阶段实现资本积累、吸收剩余劳动人口作出了开创性的贡献。

发展经济学家除了为发展中国家提供实现经济增长的解决方案，还回答了为什么先进工业国家可以从与发展中国家开展经济合作中获益的关键问题。斯塔利[①]通过研究认为，欠发达国家的经济增长将会提高对先进工业国的进口需求，推动先进工业国家的增长。但在此过程中，无论是欠发达国家还是先进工业国家都需要进一步进行产业调整。在对1989年日本、美国和西欧的各自政策进行分析的基础上，他认为，先进工业国应该从三个方面实施政策调整：（1）鼓励产业间的优胜劣汰，鼓励优势产业、收缩劣势产业；（2）激励生产要素从劣势产业流入优势产业；（3）改善福利政策，保障因产业调整而失业人口的福利。

二、关注焦点从欧洲重建转向发展中地区（1948—1949）

在这一阶段，一系列事件集中出现，使得美国和西欧在解决自身经济增长问题的同时，更多关注发展中国家的经济发展，从事发展研究的

---

① Eugene, S. (1944). *World Economic Development: Effects on Advanced Industrial Countries*. Montreal: International Labour Office.

学者也进一步增多。

从国际局势看，1948年美国通过了马歇尔计划，为西欧国家经济增长提供援助，使得欧洲重建前景更为明朗。在亚洲，中国取得了解放战争胜利，马来西亚、缅甸、菲律宾和印度尼西亚陆续爆发了内战，印度和巴基斯坦在独立之后都明确地把发展提上议事日程。在此期间，美国经济急剧衰退，使得大宗商品价格相对下降，拉丁美洲及其他大宗商品出口地区的经济随之波动。

国际上，对外援助的需求和供给都有所增加。联合国大会在发展中国家的支持下，在这一阶段成为国际发展政策讨论的重要舞台。1949年1月，美国总统杜鲁门提出了"第四点计划"（Point Four）[①]，首次宣布对发展中国家提供技术援助。它成为西方发展援助政策的转折点，产生了广泛的影响。也正是在这一转折时期，世界银行首次向智利（1948）、墨西哥（1949）和巴西（1949）三个发展中国家提供贷款。1950年，由英联邦国家发起成立的"科伦坡计划"（Colombo Plan）开始启动，向发展中国家提供技术援助。

三、发展及发展政策的繁荣时期（20世纪50年代）

20世纪40年代，发展经济学的基本观点与模型大量涌现，引发了各种对发展经济学的争论。发展经济学比它的研究对象——主要位于亚洲、拉美和非洲的世界贫困地区的经济发展表现得还要出色。进入50年

[①] 1949年1月20日，美国总统杜鲁门在其就职典礼的讲话中，宣布了对发展中国家进行技术援助的计划。因为本计划是该次讲话中所提及的第四点外交政策目标，所以得名"第四点计划"。不同于马歇尔计划，此项计划并没有鼓励经济援助，而是利用美国所掌握的专业技术，为其他国家提供科技发展援助。

代，虽然发展经济学的"活力"日渐衰弱，发展政策和经济增长率却迎来了加速期。

在此期间，美国的海外战争不仅使其国防开支增加，也开始让美国更为重视对外援助。其援助政策的侧重点主要是安全方面，而不是受援助国家和地区经济发展目标的实现。总体上，这一时期对发展及发展政策的讨论，包括了实施对外援助时的政策出发点、政策工具箱以及发展理论。

在联合国层面，扩大对发展中国家援助已经成为共识。1949 年到 1951 年，联合国的专家委员会制定的援助发展中国家方案中，发展援助成为帮助发展中国家实现充分就业的重要政策之一，联合国支持多边机构为发展中国家增加官方贷款金额。此外，降低大宗商品价格波动和增加海外资本流入等支持性措施也被列为帮助贫困国家的政策措施。[①]

作为当时世界上实力最雄厚的国家，美国成为 20 世纪 50 年代国际发展政策的讨论中心，分析性、政策性研究应运而生。这一时期的政策讨论，观点鲜明、针锋相对。一种观点认为，一个大大扩展的美国参与不发达地区经济发展的长期计划，可以而且应该成为促进美国外交政策目的的最重要手段；而以鲍尔为代表的另一种观点则更推崇发展中国家政府的角色，反对援助。鲍尔认为，增加对发展中国家的援助，更可能延缓而不是加快受援国一般生活水平的提高，阻碍而不是促进一个抵制极权主义吸引力的社会的出现。与接受外国援助相比，鲍尔更强调一国政府必须履行职能，如维护法律和秩序、控制货币供应、提供基本的卫生和教育服务、建立基本通信、组织农业推广工作等等。[②]

---

① Meier, G. M., & Seers, D. (1984). *Pioneers in development.* New York: Oxford University Press.

② Millikan, M. F., & Rostow, W. W. (1957). *A proposal : key to an effective foreign policy.* New York: Harper & Brothers. Bauer, P. T. (1959). *United states aid and indian economic development.* Washington, D.C. : American Enterprise Institute Press.

20世纪50年代中后期，美国以及西欧、日本都开始出现扩大发展援助的潮流。在美国，艾森豪威尔政府后期开始采取支持发展的政策，在此期间，其经济发展援助的预算增加了30%。其后的约翰·肯尼迪政府时期，美国发展贷款基金、国际开发协会、美洲开发银行，以及世界银行主导的国际援印财团和援巴财团都相继成立。

四、发展及发展政策日渐复杂（20世纪60年代）

在印度获得成功的"印度模式"被世界银行国际银团协议继续推广至拉美地区。1961年3月，拉美发展进步联盟（Alliance for Progress）成立。联合国层面提出了十年发展项目计划，美国总统肯尼迪也明确表示支持发展援助项目。受到上述方面的推动，经合组织国家官方发展援助（ODA）在1960—1965年增加了27%，美国增加了35%。在20世纪60年代后半期，经合组织援助总额下降，西欧、日本的贡献度逐步加大，世界银行和地区发展银行发挥了更为重要的作用。

20世纪60年代，美国对拉美的援助增速明显，拉美经济增长率快速提高，其中巴西从20世纪60年代的早期困境中复苏，成为拉美地区经济增速最为明显的国家。20世纪50年代出现的各种发展理论在许多发展中国家得以实施，国际机构和专家政策咨询委员会也对此进行了认真探讨。这一时期，发展理论应用的政策实施效果好坏参半，也留下了值得反思的教训。

五、对传统发展主张的反思（20世纪70年代）

20世纪70年代，发展政策和发展学研究者关注的重点从增长转向"基本人类需要"。这是因为,一方面,许多国家虽然实际经济增长率在提高,但同时并没有摆脱大规模贫困和失业;另一方面,限制增长的主张认为,为保护人类的栖息地,必须限制增长,使其稳定在一个可满足人类基本需求的水平,同时对收入进行重新分配。对于限制增长主张,最清晰的阐述来自1969年皮尔逊委员会《发展中的伙伴:国际开发协会报告》。该报告建议,将70年代发展中国家平均增长目标设定为6%,先进工业国官方发展援助金额设定为其国民生产总值的0.7%,其中的20%通过多边机构分配。1970年哥伦比亚大学组织国际会议对该报告进行评估,提出《哥伦比亚宣言》,提炼了《发展中的伙伴:国际开发协会报告》的主要精神。[①]宣言提出,总体来看,近几十年来,世界三分之一的人口一直在稳步前进,但其他人口则生存在相对贫困之中,没有清洁水、无法接受教育、没有基本的医疗设施和住所。面对上述局面,如果人类愿意发展并组织运用手头的资源,运用更现代的技术和产能,完全可以解决上述问题。该宣言认为应关注并制定与各国底层四分之一人口有关的生活水平标准,并通过一个专用基金来实现各种社会目标,具体包括教育、健康、计划生育、农村与市政工程等。此外,宣言认为对发展援助有效性的评估应关注收入分配以及社会议题的推进。

与此对应,世界银行增加了贷款资金对社会目标方面的配置额。"基本人类需求说"的提出,引发了国际社会以及学术界对国家及国际发展资源重新配置的思考,对发展中国家贫困问题的关注持续深入。

但是,从事实情况看,先进工业国家政府不仅拒绝了《哥伦比亚宣言》

---

① Ward, B. , Runnalls, J. D., & D'Anjou, L. (1971). *Widening gap: development in the 1970's*. New York: Columbia University Press. (In Columbia Conference on International Economic Development). Streeten, P. et al. (1981). *First things first: Meeting basic human needs in the developing countries*. New York : Published for the World Bank [by] Oxford University Press.

的倡议，同时也拒绝了皮尔逊委员会报告设定的目标。先进工业国这一做法与世界经济和南北方政治中的一系列事件有关。第一，大宗商品价格急剧上涨。20 世纪 70 年代随着布雷顿森林体系的崩溃，谷物、石油价格在 1970—1974 年间急剧增长。第二，经合组织成员国家发生的滞涨令发达国家经济学家的研究重点转向国内。第三，欧佩克抬高油价将巨大资源从北方分流到南方的做法给了发展中国家启示，但对这种想法的复制并不成功，高油价让石油进口国成为主要受害者，发达国家也因此陷入严重衰退。第四，虽然很多发展中国家在此期间保持了经济发展，但这种发展往往是依赖于私人信贷急剧扩张而实现的，而这种扩张反过来依赖于发达国家为转移过剩的石油美元而建立的银行系统，发展中国家对国际金融系统的依赖加深。

六、发展中国家经济陷入困境，债务问题成为关键词（20 世纪 80 年代到 20 世纪末）

1979—1980 年的第二次石油危机中，石油价格经历了急升和急降，石油美元的枯竭减少了发展中国家的私人借贷来源。同时，发达国家经济增速减缓和美元利率高涨，降低了发展中国家的进口能力，导致这些国家难以维持与高增长率相匹配的进口能力，一些发展中国家的经济增速放缓。在这一阶段，代表发达国家的经合组织主导的国际发展政策议程的核心是债务处置，以及日益严重的贸易保护主义。

在这一阶段，发展理论思潮出现两个方向的分化。第一种是"中心—外围"理论，关注工业化国家作为"中心地区"对欠发达发展中国家作为"外围地区"的控制。这一理论在发展中国家债务负担上升、发达国家经济增长放缓、贸易保护主义上升的现实情况下得到强化。第二种是强化竞争性市场在资源配置和定价机制中的重要作用，反思中央计划经济这一发展体制。

经过努力，发展中世界开始分化为从起飞进入技术趋于成熟的国家和尚未进入起飞的国家。一些六七十年代较为发达的发展中国家从起飞阶段跃进到技术相对成熟的阶段，达到中等收入水平，生产和出口实现了多元化，精细化生产能力和竞争力得到提高。

七、从增长到发展的议题转换（21 世纪初至今）

发展经济学发展到 21 世纪，经历了从增长到发展的议题转换。越来越多的发展经济学家开始采取更为综合的方法应对经济发展问题。亨特认为，社会、政治、文化和道德等非经济因素同样会对一国的经济发展产生深远影响。罗森斯坦-罗丹指出，虽然发展经济学给出了经济增长所需的必要条件，但"那些所谓的非经济因素的存在，表明在必要条件和充分条件之间仍旧有一条鸿沟存在"，发展经济学的研究应在经济学研究的基础上实现跨学科联合。20 世纪出现的新增长理论、新贸易理论、经济发展的制度分析、人文发展研究等进一步丰富了发展经济学的研究，为可持续发展思想和实践奠定了基础。进入 21 世纪，可持续发展思想全面发展。可持续理论内容经过讨论，成功转化为联合国可持续发展目标，为大多数国家所接受。

联合国可持续发展目标包含十七个具体目标，内涵丰富。可持续发展把经济发展同生态环境、自然资源、人口、制度、文化、技术进步等因素综合起来，标志着发展经济学进入了新的发展阶段。

第三节
联合国发展观的变迁

《联合国宪章》第一段明确指出，要"促成国际合作，以解决国际间属于经济、社会、文化及人类福利性质之国际问题，且不分种族、性别、语言或宗教，增进并激励对于全体人类之人权及基本自由之尊重"[1]。这也成为联合国在发展问题上采取行动的法律依据和理论基石。《联合国宪章》第 55 条进一步扩展了上述目标，指出"为造成国际间以尊重人民平等权利及自决原则为根据之和平友好关系所必要之安定及福利条件起见，联合国应促进：（1）较高之生活程度、全民就业，及经济与社会进展；（2）国际间经济、社会、卫生及有关问题之解决，国际间文化及教育合作；（3）全体人类之人权及基本自由之普遍尊重与遵守，不分种族、性别、语言或宗教"。此部分内容从总体上规范了联合国发展观内容的基本内涵，对和平、发展和人权三大支柱及其相互关系进行了概括，指出经济发展能够促进国际社会和全人类的安定和福祉，是建立和维护国家间和平友好的必要条件；尊重人权是联合国促进经济社会发展活动的主要任务之

---

[1]　《联合国宪章》，联合国网站，https://www.un.org/zh/about-us/un-charter/chapter-1。

一。① 这些内容都为发展观念的进一步丰富提供了可能。

回顾联合国成立 70 多年以来的历史过程，可以将其发展观演变大致分为三个主要阶段。其中第一阶段是 20 世纪 60 年代和 70 年代的两个十年，这一时期联合国的发展观围绕着发展与和平、发展与人权的关系获得了发展。第二个阶段是 20 世纪 80 年代和 90 年代的两个十年，其特点是基于可持续发展的概念，联合国发展观在经济、社会、环境三大维度获得了丰富和扩展。第三个阶段是从新千年开始的可参与、可衡量的可执行发展理念。在此阶段，发展议程的实施周期延长到十五年，到 2015 年第一个周期结束，迎来第二个十五年的发展议程。② 这一阶段的特点是既涵盖了发展观本身的丰富内涵，同时以联合国为主导的国际发展议程体系所囊括的参与组织范围更广，对发展的追求也从观念落实过渡到可衡量的具体目标和指标上，形成了一套为国际社会所共同接受的衡量体系和审议机制。

对联合国所有六个发展议程的发展观念进行高度概括，我们会发现，其演变的历史可以划分为：经济增长观（20 世纪 40—60 年代）、经济发展观（70 年代）、可持续发展观（80 年代）、发展文化观（90 年代）、可执行发展观（2000—2015）以及尊严发展观（2015—2030）。③

---

① Department of Economic and Social Affairs of the United Nations. (2007). *The United Nations Development Agenda: Development for All.* Retrieved from http://www.un.org/esa/devagenda/UNDA_BW5_Final.pdf.

② 联合国在 20 世纪 60 年代到 90 年代，均以 10 年为期，出台联合国发展十年国际发展战略。从 2000 年《千年宣言》的出现为标志，从 10 年改变为 15 年一期。详见：《执行〈联合国千年宣言〉的进行图》《2030 年享有尊严之路：消除贫穷，改变所有人的生活，保护地球》等标志性文件。

③ 有关这方面的内容，很多学者进行了分析研究，见：王书明、宋玉玲：《从"增长优先"到"发展文化"——联合国发展思想的演进历程》，《世界经济与政治》1999 年第 2 期，第 47—52 页；孙洁婉：《论联合国发展观念的更新与丰富》，《政法论坛》2001 年第 4 期，第 149—155 页；孙伊然：《联合国发展议程的现状与走向》，《现代国际关系》2012 年第 9 期，第 42—49 页；王文：《联合国四个发展十年战略评析》，《国际论坛》2001 年第 3 期，第 35—41 页。

一、基于发展与和平、人权关系的发展理念：20世纪60—70年代

从20世纪60年代开始启动的"联合国发展十年"计划，是联合国发展理念的最早体现。1961年12月19日，第16届联合国大会通过决议《联合国第一个发展十年国际发展战略》。在该决议内容中，突出体现了和平与发展之间的关系，指出发展中国家的经济和社会发展不仅对这些国家，而且对实现国际和平与安全以及增进世界繁荣都具有重要意义。[①]在第一个发展战略中，联合国将工作重点放在提高发展中国家的经济增长速度方面（十年中经济增长速度达到5%），以期通过经济高速增长，使发展中国家逐步摆脱不发达状态，实现工业化，缩小与发达国家之间的差距，全面提高全人类的福利。在第一个发展十年中，联合国在援助发展中国家方面取得了显著成就：实施了提供粮食援助的世界粮食计划，具体由联合国粮食及农业组织负责，从1963到1971年底，为83个发展中国家的500个项目提供了10亿美元的粮食援助；另外，在此期间联合国还为发展中国家提供了34亿美元的援助基金。[②]

1970年10月24日，第25届联合国大会制定了联合国在70年代的第二个十年发展战略，不仅对以经济增长指标（6%）为代表的一系列国民经济发展指标作出了规定[③]，同时也关注经济发展的其他方面，例如

---

① 《联合国发展十年：国际合作方案（一）》，A/RES/1710（XVI），联合国网站，https://documents-dds-ny.un.org/doc/RESOLUTION/GEN/NR0/166/40/PDF/NR016640.pdf?OpenElement。

② Thant, U. U. (1978). *View from the UN.* New York: Doubleday & Company.

③ 指标体系中的其他内容还包括：到1980年，使人均生产总值年均增长率达到3.5%；人均收入年均增长率达到2%；进出口增长率达到7%；国内储蓄率总额与生产总额之间的比率提高到20%，等等。参见：《联合国第二个发展十年国际发展战略》，第13—18段，联合国网站，https://documents-dds-ny.un.org/doc/RESOLUTION/GEN/NR0/347/59/IMG/NR034759.pdf?OpenElement。

2016年12月4日，纪念《发展权利宣言》通过30周年国际研讨会在北京举行。1986年12月4日联合国大会通过《发展权利宣言》，明确规定"每一个人和所有民族均有权参与、促进并享受经济、社会、文化和政治的发展，在这种发展中，所有人权和基本自由都能获得充分实现"。

更为公平的收入和财富分配制度、推动就业以及科学技术发展等。在这一阶段，联合国发展观念的重要支撑点在于内源性发展和以人为中心的发展，即：发展应根植于国家内部，并且发展的目的是为人服务。从这一观念看，联合国内源发展战略突破了西方发达国家发展的道路和模式，更为强调物质与人齐头并进的发展模式。此外，针对一些发展中国家虽然获得民族独立，但仍在不合理的经济秩序中依附于发达国家的现实，联合国在第二个十年战略中突出强调要建立更为公正合理的世界经济及社会秩序，使各国与个人均能享有机会均等的权利。第二个发展十年战略所体现的发展观，已经从经济维度扩展到社会维度。这一拓展还体现在联合国在20世纪70年代先后通过的《关于建立新国际经济秩序宣言》（1974）、《行动纲领》（1974）、《各国经济权利与义务宪章》（1974）以及《发展和国际经济合作》（1975）四个文件之中。这些文件体现了国际法的原则和规范，指导着不同发展水平和不同经济制度国家间的经济关系。

二、基于可持续发展概念的发展观：20 世纪 80—90 年代

1980 年 12 月 5 日，联合国第三十五届大会宣布 20 世纪 80 年代为第三个发展十年，并通过了《联合国第三个发展十年国际发展战略》[①]。除了延续前两个发展十年所注重和倡导的经济发展维度、社会发展维度以及公平合理的世界经济秩序外，第三个发展十年战略首次在环境维度的发展观念上作出初步探索，提出了可持续发展概念。[②] 同时，第三个发展十年战略在发展观念的经济、社会维度上具体地构建了一系列评价指标，这在后来也成为新千年发展目标 / 指标体系的雏形和基础，其中包括减贫、就业、教育、医疗卫生保健、人居和基础设施、妇女权利等各个方面。[③] 然而，除了经济领域的一系列具体指标外[④]，在社会维度的各类指标上，第三个发展十年战略将重点放在了对指标的定性分析和阐述上，并没有设定含有具体时间表的执行框架。此外，第三个发展十年

---

① 《联合国第三个发展十年国际发展战略》，A/RES/35/56，第 41—51 段，联合国网站，https://documents-dds-ny.un.org/doc/RESOLUTION/GEN/NR0/388/47/IMG/NR038847.pdf?OpenElement。

② 1980 年 3 月 15 日，联合国大会发出呼吁："必须研究自然的、社会的、生态的、经济的以及利用自然资源过程中的基本关系，确保全球的可持续发展。"此外，在同时发布的《世界自然资源保护大纲》中也提到可持续发展（Sustainable Development，SD），这也是联合国系统最早在正式场合使用"可持续发展"一词。详见：王书明、宋玉玲：《从"增长优先"到"发展文化"——联合国发展思想的演进历程》，《世界经济与政治》，1999 年第 2 期。

③ 《联合国第三个发展十年国际发展战略》，A/RES/35/56，第 41—51 段。

④ 有关经济增长的发展战略目标是：发展中国家国内生产总值年增长率为 7%；人均国内生产总值的年增长率为 4.5%；农业产值的年增长率为 4%；制造业产值的年增长率为 9%；货物和劳务进出口的年增长率不得低于 7.5%。到 2000 年，发展中国家国内生产总值应达到占世界生产总值的 25%；到 1990 年，发展中国家国内储蓄总值应达到世界储蓄总值的 24%；为发达国家确定的官方发展援助指标为其国民总产值的 0.7%。详见《联合国第三个发展十年国际发展战略》，第 20—24 段及第 29 段。

战略所体现的发展观在人权维度上也有进一步延伸，发展的关切点已经从国家、民族的发展扩展到了个人的发展，并强调"发展的最终目的，是在全人类充分发展过程和公平分配中得来的利益的基础上，不断地增进他们的福利"①，而经济增长、生产性就业和社会平等都是在此意义上的发展所需要的根本保障和不可分割的要素。

1990 年 12 月 11 日，第 45 届联合国大会通过了第 45/199 号决议，宣布 20 世纪 90 年代为第四个发展十年。在《联合国第四个发展十年国际发展战略》②序言中提到："联合国第三个十年国际发展战略的目的和目标大部分没有实现……预计增长的根据已化为乌有……如果政策没有重大改变，今后十年同前十年不会有很大区分。"尽管如此，除了延续前三个发展阶段所强调的经济、社会、环境维度的发展，第四个发展议程又提出了 6 个相互联系的发展指标：（1）发展中国家经济增长；（2）社会层面的发展：减贫、促进人力资源发展和环境可持续发展；（3）改革国际货币、金融及贸易体制；（4）维护世界经济环境稳定、健全国家层面的宏观经济管理；（5）加强国际发展合作；（6）促进最不发达国家发展。③

此外，在第四个发展十年战略中，除努力推动 7% 的经济增长率目标之外，并没有就经济发展指标作数量上的规定，这一改变也在以后各阶段得以延续。同时，联合国发展观念在社会维度、环境维度上进一步拓展，包括：就业与保健、妇女与儿童、工业与技术、农业及粮食、人口、教育与文化、住房和社区、电信、包括航运在内的运输及环境，各国政

---

① 《联合国第三个发展十年国际发展战略》，第 17 段。

② 《联合国第四个发展十年国际发展战略》，A/RES/45/199，联合国网站，https://documents-dds-ny.un.org/doc/RESOLUTION/GEN/NR0/563/30/IMG/NR056330.pdf?OpenElement。

③ 《联合国第四个发展十年国际发展战略》，第 14 段。

府已商定了须取得重大成就的部门战略和计划。"经验证明，将这种宏伟而可行的指标转化为国家和国际努力的目标，对制定政策重点和检测进展很有助益。"①

与第四个发展十年战略相呼应，20 世纪 90 年代，联合国世界性大会进入了蓬勃发展时期，各成员国政府积极参与各个议题的国际性会议及相关议题的会谈，形成了一批富有成果的文件。

考察前三个发展十年国际发展战略的实施效果，绝大多数目标没有得到实现。②其原因是多方面的，例如，在早期战略制定中对经济增长速度作出数量指标的规定，而忽视了经济增长与经济发展之间的区别；20 世纪 70 年代布雷顿森林体系的崩溃、石油危机的发生，以及 80 年代的债务危机等等，对部分发展中国家的经济发展造成了极大的冲击。此外，不合理的国际经济秩序没有从根本上得到改变，发达国家在履行承诺提供资金及技术支持方面也没有达到既定标准。最后，发展观念的不完善也是前三个发展十年战略未能取得预期效果的重要原因。

面对 20 世纪 80 年代发展严重不平衡的现实，联合国在其框架内召开了一系列国际会议，商讨有关社会与生态方面的发展议题。首先召开的国际会议中，包括了 1990 年在泰国宗甸召开的由联合国经社理事会主办的普及教育世界会议。在此次会议上，国际社会制定了一系列教育目标，具体包括：到 2000 年前为包括男童和女童在内的所有儿童提供入学并完成小学教育的机会。此次会议之后，联合国又先后于 1990 年在美国纽约召开了世界儿童大会，1992 年在巴西里约热内卢召开了地球问题首

① 《联合国第四个发展十年国际发展战略》，第 18 段。
② 具体表述详见《联合国第二个发展十年国际发展战略》，第 2、3 段；《联合国第三个发展十年发展战略》第 3 段；《联合国第四个发展十年国际发展战略》，第 2 段。

脑会议，并历史性地公布了四份具有划时代意义的宣言。① 在 20 世纪 90 年代，另一个具有特殊意义的会议是 1995 年在丹麦首都哥本哈根举行的社会发展问题世界首脑会议。此次会议公布了社会发展的十点宣言文件，成为后来千年发展目标的最直接基础。②

从上述会议的内容看，其并不具有创新性。在 20 世纪 90 年代之前，国际会议也讨论过这些内容，并分别就这些问题发表各种宣言和承诺。但是 20 世纪 90 年代的这些会议仍然具有重要意义，主要在于以下两个方面：第一，其通过的决议内容非常详细，并且具有时间和具体指标的约束力；第二，上述会议在各国政府中引起了强烈反响，并引起各国政府的高度关注。

20 世纪 90 年代有两个重要的时代背景：一是冷战结束，终结了世界两极化的体系；二是随着全球化的发展，在先进的信息和通信技术推动下，各国政府之间的国际交流逐渐适应了网络化、立体化的协作模式。上述条件的变化，都为新千年发展目标的最终制定和执行铺平了道路。很多国家开始意识到，在一个相互依存的全球化时代，要解决自身的社会和经济发展问题、生态环境问题乃至人权问题，单靠一国的力量是不行的，其解决之道都离不开在国际社会中开展合作和交流。这种整体观和全局意识也反映在这一时期所公布的各项宣言和协议之中。

---

① 这四份重要的文件是：《里约环境与发展宣言》《21 世纪议程》《联合国气候变化框架公约》《联合国生物多样性公约》。

② 除了正文中提到的会议，较为重要的其他会议还包括：1993 年在维也纳召开的世界人权会议，通过了《维也纳宣言和行动纲领》；1994 年在横滨召开的世界减灾大会，通过了《减灾行动计划》；1994 年在开罗召开的第三届联合国国际人口与发展大会，通过了《国际人口与发展会议行动纲领》；1994 年在巴巴多斯举行的第一届联合国小岛屿发展中国家可持续发展国际会议，通过了《巴巴多斯行动纲领》；1995 年在北京举行的第四届世界妇女大会，通过了旨在加速《内罗毕战略》的《北京宣言》和《行动纲领》；1996 年在伊斯坦布尔举办的第二届联合国人类居住会议；1996 年在罗马召开的世界粮食首脑会议，通过了《关于世界粮食安全的罗马宣言》。

到 20 世纪 90 年代末，在联合国框架下，国际社会就发展议题达成了一系列广泛共识，这也为新千年宣言的提出铺平了道路。在新千年目标的指标体系中，很多具体指标设定都来自这一时期各个国际会议所达成的共识。

三、联合国可持续发展议题的推进：2000—2015；2015—2030

进入 21 世纪，联合国在发展问题上迈入了新的阶段。在发展问题的国际多边治理体系框架内，联合国逐步演化出可参与、可量化的可执行发展观，并第一次系统地提出一套有完成时间约束力的发展指标体系，即千年发展目标（Millennium Development Goals，MDGs）。随着 2015 年的到来，联合国又提出了尊严之路发展观，围绕着可持续发展的核心议题，提出了可持续发展目标体系（Sustainable Development Goals，SDGs）[①]。

（一）全面可参与、可量化的可执行发展观念：2000—2015

2000 年 9 月 5 日，在美国纽约举行的第 55 届联合国大会千年峰会上，来自 189 个联合国成员国的代表一致通过了《联合国千年宣言》（Millennium Declaration，大会第 55/2 号决议），从八个方面指明了人类社会在新世纪所面临的发展任务。该份宣言成为 21 世纪联合国千年发展目标最终制定和实践的依据。从宣言文件内容看，一共包括八个不同方面：（1）价值和原则；（2）和平、安全与裁军；（3）发展与消除贫困；（4）

---

① 徐奇渊、孙靓莹：《联合国发展议程演进与中国的参与》，《世界经济与政治》2015 年第 4 期。

2004 年 3 月，联合国千年发展目标国际会议在北京举行。

保护我们的共同环境；（5）人权、民主与善政；（6）保护易受伤害者；
（7）满足非洲的特殊需要；（8）加强联合国。① 上述八个方面内容彼
此密切相关，同时也是联合国三大支柱——安全、发展与人权彼此间密
切联系的现实反映，体现出联合国致力于消除贫困、促进发展和保护环
境的决心。在该宣言的第三大部分有关发展与消除贫困的段落强调，将
"帮助我们十亿多男女老少同胞摆脱目前凄苦可怜和毫无尊严的极端贫
穷状况。我们决心使每一个人实现发展权，并使全人类免于匮乏"，并
指出将具体通过"在国家层面及全球层面创造有助于发展和消除贫困的
环境"来实施。该部分内容从原则上提出，到2015年年底以前要解决就业、

---

① 《联合国千年宣言》，联合国网站，https://documents-dds-ny.un.org/doc/UNDOC/GEN/N00/559/50/
PDF/N0055950.pdf?OpenElement。

贫困、饥饿、医疗、教育、环境及妇女权利等问题。在《执行〈联合国千年宣言〉的进行图》（A/56/326）文件中，时任联合国秘书长安南指出："国际社会刚刚走出承诺的时代，进入执行的时代，需要我们调动必要的资源，履行承诺。"① 需要注意的是，《联合国千年宣言》所列目标大多并非新目标，它们源于 20 世纪 90 年代的全球会议以及过去半个世纪中编纂的国际标准和国际法。此外，实现这些目标所需的行动计划大多已经制定并由会员国在国际组织内或国际会议上个别或集体通过。②

此次会议结束后，由联合国主导，世界银行、经济合作组织等其他国际多边组织配合成立了联合工作组，就《联合国千年宣言》第三部分发展问题以及第四部分环境保护问题进行了更为详细的量化目标制定工作。2001 年，联合国在《执行〈联合国千年宣言〉的进行图》中正式出台了有关发展的 8 项目标③，即千年发展目标，并佐以 18 个可量化的具有时限性的目标及 48 个指标。

此后，2002 年，联合国在墨西哥蒙特雷举行联合国国际发展筹资会议。会上提出发达国家和发展中国家应建立新型伙伴关系，通过开放市场、公平贸易、增加官方发展援助并调动国内经济资源等措施，为落实千年发展目标构建全面筹资保障。同年，联合国在南非约翰内斯堡举行世界可持续发展首脑会议，进一步丰富了千年发展目标的内涵。2005 年，

---

① 多里丝·贝特兰德：《联合国注重成果的方针：执行〈联合国千年宣言〉》，联合国联合检查组，2002 年 2 月，第 6 页，https://www.unjiu.org/sites/www.unjiu.org/files/jiu_document_files/products/zh-hans/reports-notes/JIU%20Products/JIU_REP_2002_2_Chinese.pdf。

② 联合国大会第五十六届会议，临时议程项目 40，千年首脑会议成果的后续行动：《执行〈联合国千年宣言〉的进行图》，A/56/326，https://documents-dds-ny.un.org/doc/UNDOC/GEN/N01/526/06/PDF/N0152606.pdf?OpenElement。

③ 这 8 项目标具体是指：消灭极端贫穷和饥饿；普及初等教育；促进男女平等并赋予妇女权利；降低儿童死亡率；改善产妇保健；与艾滋病毒／艾滋病、疟疾和其他疾病作斗争；确保环境的可持续能力；全球合作促进发展。

联合国在美国纽约总部举行世界首脑会议，在最终文件中指出，发展中国家应"到2006年通过并开始实施综合国家发展战略，以实现国际商定的发展目标和目的，包括实现各项千年发展目标"①，这是此次会议的重要成果，标志着千年发展目标从全球目标逐步分解细化到各个国家的国内发展战略之中，进一步提高了千年目标的可实施性。此外，在官方发展援助方面，报告重申"发达国家到2010年，向所有发展中国家提供的官方发展援助每年增加到500亿美元……发达国家到2015年实现官方发展援助占其国民生产总值0.7％的目标，到2010年实现官方发展援助至少达到其国民生产总值的0.5％"②。

（二）尊严之路——消除贫穷、改善所有人生活、保护地球的发展观：2015—2030

2012年6月，联合国可持续发展大会"里约+20"在巴西里约热内卢召开，成为继千年峰会后，联合国围绕发展问题所召开的最重要会议，为重建发展问题全球进程奠定了良好基础。绿色经济在可持续发展和消除贫困方面所作贡献、可持续发展框架体制成为此次会议的两大主题。大会通过文件《我们希望的未来》（The Future We Want）③，各国代表承诺将继续致力于可持续发展目标的实现。会议还授权启动2015年后发展议程的国际进程。"里约+20"会议最主要的一个成果就是成员国同意制定出一套行之有效的可持续发展目标，以在可持续发展方面采取集中统一行动。

---

① 2005年世界首脑会议成果，联合国60/1号决议，第22段（a），https://documents-dds-ny.un.org/doc/UNDOC/GEN/N05/487/59/PDF/N0548759.pdf?OpenElement。

② 同上，第23段（b）。

③ 《我们希望的未来》，联合国网站，https://digitallibrary.un.org/record/3826773?ln=zh_CN。

在汇集联合国各工作系统、联合国框架下政府间谈判、包括小岛国在内的发展中国家可持续发展大会及国际气候变化谈判的成果基础上，时任联合国秘书长潘基文在 2014 年 12 月联合国第 69 届大会上提交了 2015 年后可持续发展议程的综合报告：《2030 年享有尊严之路：消除贫穷，改变所有人的生活，保护地球》，并与联合国成员进行了深入讨论。该报告以权利为基础，以人和地球为中心，提出可持续发展的普遍性和变革性议程。[1]

此外，该报告提出了一体化的六个基本因素，以利于构建和强化可持续发展议程，并在国家层面获得实现。这六个因素是：（1）尊严：消除贫穷和不平等；（2）人：确保健康的生活、知识，并将妇女和儿童包含在内；（3）繁荣：发展强有力、包容各方和有转型能力的经济；（4）地球：为所有社会和我们的后代保护我们的生态系统；（5）公正：促进安全与和平的社会和强有力的机构；（6）伙伴关系：推动全球团结，促进可持续发展。[2]此外，围绕这六大因素，开放工作组共提出了 17 项具体目标和 167 项相关指标，除了致力于强化未完成的千年发展目标外，可持续发展目标进一步涵盖了不平等、经济增长、体面工作、城市和人类居住区、工业、能源、气候变化、可持续消费和生产、和平、公正和机构等内容。在此体系内，环境议题既是执行手段，也是构建全球伙伴关系的目标，有利于可持续发展目标的整体实现。

此外，该报告还提出，"制定超出国内生产总值范围的衡量进展替代办法的工作，必须得到联合国、国际金融机构、科学界和公共机构的专门关注。这些衡量办法必须明确侧重于衡量社会进步、人的福祉、公正、

---

[1] 联合国秘书长报告：《2030 年享有尊严之路：消除贫穷，改变所有人的生活，保护地球》，2014 年 12 月，第 1 页，联合国网站，https://www.un.org/disabilities/documents/reports/SG_Synthesis_Report_Road_to_Dignity_by_2030.pdf。

[2] 同上。

2013 年 9 月，联合国可持续发展问题高级别政治论坛在纽约联合国总部举行。

安全、平等和可持续性。计量贫穷措施应反映贫穷的多层面性质。主观幸福的新计量办法可能是新的重要决策工具"。

  2015 年，联合国领导下的国际社会进入全球可持续发展议程第六个发展阶段，时间跨度为 2015 年到 2030 年。2015 年可谓是定义可持续发展议程的关键一年，在这一年举行的三次高级别国际会议，推动可持续发展进入全面推进落实的新时代：首先是 7 月在亚的斯亚贝巴举行的第三次发展筹资问题国际会议，努力推动建立新型全球伙伴关系；其次是 9 月在纽约联合国总部举行的可持续发展问题特别首脑会议，与会各国领导人同意接纳新的发展议程和一套可持续发展目标，这标志着人和地球之间关系范式的转变；再次是 12 月在巴黎举行的《联合国气候变化框架公约》第二十一届缔约方会议，进一步推动可持续发展议程的实施和落实。

第四节
发展方案中的几个理念问题

一、政府角色之辨

中国在加入世界经济体系的过程中，相较于其他发达经济体，其最突出的特色之一是中国政府所承担的角色及其为经济社会发展所作出的独特贡献。对于政府角色的理解，是我们认识中国发展方案的钥匙之一。[①]

在"参与者创造财富能力提高"的维度上，政府应该发挥什么样的作用，一直存在争议。一种观点认为政府不应该直接介入创造财富的过程，否则只会弄巧成拙。信奉自由主义的哈耶克指出，"自由的政策不仅要求制止主观刻意的管制，而且还极力主张接受不受指导的自生自发的发展"[②]。哈耶克区分了自由的英国传统和法国传统，或称"盎格鲁自由"与"高卢自由"，指出后者是"在政府组织作出的最高程度的干

[①] 参见张宇燕、冯维江：《中国的和平发展道路》，北京：中国社会科学出版社，2017年，第105—108页。

[②] 弗里德利希·冯·哈耶克：《自由秩序原理》，邓正来译，北京：生活·读书·新知三联书店，1997年，第80页。

预中寻求政治文明"，而英国反对干预的传统才是自由的真谛所在，其自由制度和传统"已然成了文明世界的示范"。[①]

幼稚产业保护论之父弗里德里希·李斯特同样承认英国"已经成为一切国家的榜样"，认为其在国内政策和外交政策等方面"都起了示范作用"。但李斯特眼中的英国政策并非自由放任的政策，而是"一贯鼓励生产力的输入，商品输入考虑在后"，"输入的只限于原料和农产品，输出的只限于工业品"，"承认殖民地贸易自由与海运事业的自由，但只以它从这方面的所得超过所失为限"。李斯特不无诛心地指出，亚当·斯密支持自由贸易的学说掩盖了英国实际执行的政策，目的在于防止外国仿效这个政策，英国在顺着梯子登上高处之后，一脚踢开身后的梯子，防止别的国家跟上来[②]。

顺着李斯特的思路[③]，张夏准主要研究了19世纪和20世纪初期（有的国家上溯到18世纪甚至14世纪，有的扩展到第二次世界大战以后）英国、美国、德国、法国、瑞典、比利时、荷兰、瑞士、韩国、日本等多个国家的产业、贸易和技术政策，以及选举、行政、司法、产权、公司治理、金融及劳工与社保等方面的制度，其结论是发达国家并不是通过使用它们向发展中国家推荐的政策和制度获得成功的；相反，它们现在坚决抵制的那些已经树立了"政治不正确"形象的贸易和产业政策及相关制度，才是其成功崛起的不传之秘[④]。

---

① 弗里德利希·冯·哈耶克：《自由秩序原理》，邓正来译，北京：生活·读书·新知三联书店，1997年，第204页。

② 弗里德里希·李斯特：《政治经济学的国民体系》，陈万煦译，北京：商务印书馆，1961年，第306—307页。

③ 张夏准所著《富国陷阱》一书的副标题"发达国家为何踢开梯子？"，就使用了李斯特关于英国踢开梯子的典故。

④ 张夏准：《富国陷阱：发达国家为何踢开梯子？》，肖炼等译，北京：社会科学文献出版社，2009年，第151—153页。

亚历山大·格申克龙则指出，落后国家的工业化可能存在一种后发优势，可以采取引进先进技术设备和工艺知识等政策，实现加速赶超。但他也指出了政策失败的风险，如意大利"愚蠢的经济政策"扶持了不具备比较优势的工业部门。[①]

从理论上看，固然不能用政府的行为去取代市场来成为配置资源的主要方式，但也不宜将政府的一切涉及经济的活动或所有产业政策都视为"政治禁忌"。关键在于政府的行为是否能有效降低市场交易费用，能否成功鼓励市场主体积极参与市场交易活动或激发其创新行为。

前一个方面，例如在交通基础设施等公共产品属性比较明显的领域，政府的集中投入可能产生较大的效益。正如历史学家严耕望所言，"交通为空间发展之首要条件，盖无论政令推行、政情沟通、军事进退、经济开发、物资流通，与夫文化宗教之传播、民族感情之融合、国际关系之亲睦，皆受交通畅阻之影响，故交通发展为一切政治经济文化发展之基础，交通建设亦居诸般建设之首位。中国疆域辽阔，交通建设尤为要务"[②]。交通领域的建设投入周期长、资金需求大、收益率相对较低，如果完全由私人部门投入，其建设水平可能低于社会效益最大化所需要的水平。此时通过政府政策的有效引导和投入来改善基础设施，可以降低市场交易费用，促进私人部门投资，最终增加社会整体的福利。此外，通过政府产业政策也可以比较顺利地克服投资大、周期长、配套多等困难，发挥政府部门"集中力量办大事"的优势。

又如，在一些传统行业，生产链条细密，产出的是市场广泛接受的

---

① 亚历山大·格申克龙：《经济落后的历史透视》，张凤林译，北京：商务印书馆，2009 年，第439—440 页。
② 严耕望：《〈唐代交通图考〉序言》，载《治史三书》，上海：上海人民出版社，2016 年，第215 页。

2019 年 10 月，首届可持续发展论坛在北京举行。论坛从政府、企业、国际组织和智库及社会组织等主体角度，探讨各方落实 2030 年议程的行动和经验，并专题研讨"一带一路"与 2030 年议程协同增效。

成熟产品，工艺精湛可靠，生产过程相对固定，风险可控，回报稳定，其利润主要得自空间集约成本而致的规模收益，这些行业通过模仿引进即可产生效益。此时，只要解决好内部激励问题，私人部门就完全能够承担起来。

但是，对于以投入新要素、开发新产品、创造新市场为主的新兴产业，成败的不确定性较大，一旦成功则回报颇高，其利润主要得自时间上领先同侪所得的创新收益，而一旦失败则可能血本无归。此时，与信息劣势、激励劣势相比，政府的规模优势可能发挥不出来，强推产业政策甚至可能弄巧成拙。这种条件之下，政府角色应当主要集中于鼓励和保护市场主体的创新积极性，通过良好的产权（包括知识产权）保护等制度方面的建设和执行能力的培育，充分发挥企业家精神的作用。

从理念来看，自由放任主义者与政府干预主义者的分歧在于如何看待政府的作用。前者认为政府只应该做好维持法治秩序的工作，其他的任何干预最终只会增加交易费用并破坏市场的完美功能。只要一般意义上地保持法治秩序，保持对私人财产权的界定，保护对契约的尊重，市场就能够自发地保持以交易费用最低的方式运作，增长就能够实现。政府干预主义者则认为，政府应当主动地介入市场，因为政府知道如何更好地降低交易费用，知道应该采取何种规则来激励市场主体，弘扬其创新能力和企业家精神。

二、发展中国家的突破之道

世界经济发展不平衡是客观现实，其解决需要一个长期过程。在不平衡的世界经济环境中，发展中国家要实现长期增长，就必须从创新能力、人力资本、市场规模与专业化分工、制度基础、国际经贸规则五个方面寻求突破。[①]

经济增长的根本源泉是劳动生产率的提高，而科技创新是劳动生产率提高的直接原因。美、欧、日之所以成为当今世界主要发达国家，很重要的原因就在于其拥有较高的科技创新能力。发展中国家由于资源有限，要想在研发支出上达到发达国家的水平并不现实，故而应从本国实际出发，集中攻克本国产业链急需攻克或者阻碍结构调整进程的技术难关。当然，除了自主研发，学习模仿和技术外溢等外源性技术进步也是发展中国家劳动生产率提高的重要源泉。

---

① 张宇燕：《发展中国家如何实现长期增长》，《人民日报》2015年7月12日。

决定生产率水平高低的人的知识、技能积累和创造能力，也即人力资本，在很大程度上取决于人的受教育程度。根据世界银行统计，2012 年，美国、中国、印度的中学入学率分别为 94%、89%、71%。这组数字至少部分解释了这 3 个国家处于不同发展阶段的原因，同时也展示了它们未来发展的潜力。与发达国家相比，发展中国家研发人员和高技能人员的比重明显偏低，这导致发展中国家长期处于全球产业价值链的低端。通过普及中等教育、扩大高等教育规模、加强技术培训等途径提高人力资本，是发展中国家必须下大力气做好的事情。

决定经济增长的劳动生产率提高，还同分工与专业化程度高度相关。即使没有技术进步，只要不同经济活动参与者提高其专业化水平，专门从事最能发挥其优势的生产活动，通过市场交换，便可以获得所谓的"得自贸易的收益"，实现无技术进步条件下的劳动生产率提高。有两个因素决定着分工与专业化水平的高低：一是市场规模大小，二是制度基础优劣。要扩大市场规模，除了大力促进生产要素流动、降低市场交易成本、创造国内统一市场，还要积极参与国际分工，使自身的优势最大化。中国 40 多年的改革开放，就是通过扩大市场规模提升专业化分工水平的成功实践。印度近几年的快速增长，也与充分运用和大力拓展其国内外市场规模密切相关。

制度基础建设的根本要求，不外乎有效保护财产权利、使契约得到普遍尊重、落实自愿交易和公平竞争原则这几个方面。制度基础对经济增长的促进作用主要通过三大功能实现：一是为每个经济活动的参与者提供能形成稳定预期的市场环境，二是提供有效激励，三是降低交易成本。这三大功能构成了市场在资源配置中起决定性作用的前提条件。特别需要强调的是，产权得到保护、契约受到尊重不会自然实现。没有广义的国家权力，就没有普遍的产权与契约。建设高质量制度基础的关键，是有一个能强化市场功能、拓展市场规模的强大且高效的政府。

国际经贸规则大多是"非中性的",同样的规则对不同国家往往意味着不同成本与收益。在各国都必须深入参与全球分工的情况下,如何制定对自己更加有利的国际经贸规则便成为各国博弈的焦点。奥巴马政府时期美国主导的 TPP 和 TTIP 谈判,其目的就是获得国际经济制度优势。金砖国家的合作,既是为了扩大互利共赢空间,也是为了对国际经贸规则的演进施加影响。当今世界多边经贸谈判受阻、诸边谈判兴旺的局面,不仅会迟滞全球统一市场的形成,更会分化进入不同经贸集团国家的增长绩效。实现世界经济平衡发展,必须构建世界经济新秩序,避免国际经贸规则碎片化,提升发展中国家的国际话语权。

三、相互包容互鉴的新增长范式

包容互鉴是新的时代条件下处理国际关系的基本原则,承认和尊重文明的多样性为包容互鉴提供了前提与动力。"文明"一词在传统中文语境中有文采光明、文教昌明等含义,现在则多指人类社会脱离了落后及野蛮状态,发展到较高阶段且有较高文化的形态。英文中的文明(civilization)一词来源于拉丁文 Civilis,有"城市化"和"公民化"的含义,引申为"分工""合作",即人们和睦地生活于"社会集团"中的状态,也就是一种先进的社会和文化发展状态,以及到达这一状态的过程。无论是东方世界还是西方世界,都没有证据表明达到文教昌明或先进和睦状态的路径是单一的,没有办法判定创造文明的分工或合作的形式是唯一的,没有可靠的论证证实文明本身存在殊途同归的终极状态。[①]

---

① 张宇燕、冯维江:《中国的和平发展道路》,北京:中国社会科学出版社,2017 年,第 221 页。

从文明的演化实践来看，不同区域形成的恰恰是适应于本地地理环境、气候风物、资源特产等禀赋的文明。实际上，世界主要文明的名称就鲜明地反映出各自的地缘特征。美索不达米亚文明因发源于底格里斯河与幼发拉底河而被称为两河文明；古埃及文明又叫尼罗河文明；南亚次大陆有印度河文明；地中海东部有爱琴海文明；中国的华夏文明则源于黄河文明与长江文明。发展至今，世界上已经有 200 多个国家和地区，80 亿人口，2500 多个民族，6000 多种语言，有基督教、天主教、伊斯兰教、佛教和道教等多种宗教。不同肤色、不同语言、不同文化背景的人们共同创造了丰富多彩的世界。联合国教科文组织 2005 年 10 月 21 日在巴黎通过的《保护和促进文化表现形式多样性公约》开宗明义就提出，"确认文化多样性是人类的一项基本特征"，并且明确指出存在多样性文明的意义在于它"创造了一个多姿多彩的世界，它使人类有了更多的选择，得以提高自己的能力和形成价值观，并因此成为各社区、各民族和各国可持续发展的一股主要推动力"。

要做到包容互鉴，真正"把世界多样性和各国差异性转化为发展活力和动力"[1]，不仅要承认文明的多样性，更要尊重文明的多样性。然而这并非易事。中国自古就有尊重发展道路多样化的主张，讲究"君子和而不同"。《中庸》中说，"送往迎来，嘉善而矜不能，所以柔远人也"，意思是在对外交往场合，多称许对方的善意与善行，理性看待对方的缺陷，如此可以让远方的民族和国家都保持和平。如果世界各国尤其是大国都能对其他国家的发展道路报以善意的理解，对差异或"缺陷"秉持理性的立场，客观分析原因，以和平方式弥合分歧，那么世界持久

---

[1] 习近平：《共同创造亚洲和世界的美好未来——在博鳌亚洲论坛 2013 年年会上的主旨演讲》，《人民日报》2013 年 4 月 8 日。

和平是有望实现的。中国古人还用寓言来警示强加于人的严重后果，哪怕是出自善意的"己之所欲必施于人"，也可能造成事与愿违的悲剧。

习近平主席在坦桑尼亚的演讲中说："世界上没有放之四海而皆准的发展模式，各方应该尊重世界文明多样性和发展模式多样化。中国将继续坚定支持非洲国家探索适合本国国情的发展道路，加强同非洲国家在治国理政方面的经验交流，从各自的古老文明和发展实践中汲取智慧，促进中非共同发展繁荣。"①

"包容互鉴"的思想是在传承吸收中国传统文化和总结当代国际关系实践的基础上提出来的。这里的包容，就是能够容纳差异。"和实生物，同则不继"，彼此不同的事物和谐相处才能化生万物，其背后的关键逻辑在于互鉴。世界各国国情不同，面临的约束条件千差万别，以"非我族类，其心必异"的心态视之，即便不会去大动干戈虚耗国力，也难免夜郎自大、故步自封。只有老老实实虚怀若谷，学习其他国家的长处，避免蹈其覆辙，才能积累经验教训，实现稳步发展。

包容性增长之包容与包容互鉴的包容含义并不完全相同。前者主要指增长能够惠及所有国家和地区、惠及所有人群。作为一种新的经济发展理念，包容性增长的价值取向是公平、公正、共享、共容，倡导的是权利公平、规则公正、成果共享、利益共容。概言之，包容性增长至少包括以下三个维度的含义。②

首先，包容性增长应以人为本，惠及所有人群。纵观近 20 年来处于经济全球化之中的世界，在经济实现了相对快速发展的同时，富国和穷国之间的收入差距在拉大。在许多国家内部，高收入群体和低收入群体

---

① 习近平：《永远做可靠朋友和真诚伙伴——在坦桑尼亚尼雷尔国际会议中心的演讲》，《人民日报》2013 年 3 月 26 日。

② 张宇燕、冯维江：《中国的和平发展道路》，北京：中国社会科学出版社，2017 年，第 226 页。

之间的情况也是如此。收入差距持续扩大，已经并正在引起一系列矛盾。目前已经有人将全球范围的收入分配不公列为未来几年人类社会面临的最大威胁，世界上越来越多的有识之士把提高发展的包容性作为应对人类社会重大挑战的基本对策。

其次，增长是每个国家甚至每个人的事业。尽管当下人们谈论包容性增长时更多关注的是其第一个维度的含义，但各个国家、各国民众对经济发展所承担的责任同样是不能忽视的。福利的普遍改进是社会进步的目标，而福利改进又只能来自不同国家民众的勤奋工作。国家与国家的禀赋不同、发展起点不同，人与人之间也存在能力与机遇的差异，造成经济上增长有快有慢、收入有高有低。但不能因此免除各国、个人对增长的责任，他们都应作出力所能及的贡献，而不是坐等援助来分享经济增长的成果。

最后，包容性与增长应该统一起来。包容性体现为发展成果的公正分享和工作机会的公正获得，但不能因此损害了增长。人类整体福利水平的提升只有一个源泉，那就是经济发展。没有经济发展，共同富裕就是无源之水、无本之木。从这一意义上讲，与"包容性"相比，"增长"在排序上是优先的。对于一个相对落后且处于快速工业化和城镇化过程中的国家，公众期待通过经济发展迅速改善生活福利水平的愿望更加强烈，尤其应当注重经济增长。反过来看，当"包容性"得不到充分满足时，发展的条件或基础也会受到破坏甚至崩塌。因为没有社会的和谐稳定，经济发展也是难以持续的。包容性发展展示了这样一种理念："包容性"与"增长"之间并不是鱼与熊掌不可兼得的关系。我们应当努力促进经济发展与共同富裕的和谐统一，在促进经济发展的制度设计中注重缓解不公平：在以公平为首要考虑的制度设计中注意不折损效率。

包容互鉴有助于全球经济的"包容性增长"，从而实现世界的共同繁荣。在国际关系中，应弘扬包容互鉴的精神。比如，关切和照顾发展中国家，帮助发展中国家和欠发达地区增强自我发展的能力，使其能够分享经济全球化的成果；又如，坚持国际经济贸易的公平竞争，倡导贸易和投资自由化，反对任何形式的贸易保护主义，为各国各地区的发展和全球经济的复苏营造开放、公平的贸易投资环境。只有这样，才能对发展中国家特别是欠发达地区起到"授人以渔"而不仅仅是"授人以鱼"的作用，最终提升世界经济的整体水平。

结语：
新发展格局拓宽中国发展之路

改革开放以来，中国与世界的关系发生了历史性变化。随着经济全球化深入推进，中国早已是世界的中国，中国经济与世界经济高度相互依存，中国发展与世界发展也紧密相连。构建新发展格局，是与时俱进提升中国经济发展水平的战略抉择，也是塑造中国国际经济合作和竞争新优势的战略抉择。作为一个致力于推动更高水平开放的大国，中国构建新发展格局将在推动经济高质量发展上取得越来越大的成果，同时也将为世界各国共享中国经济高质量发展的成果创造更多更好的机遇。

以畅通国内大循环形成发展新优势

当前，全球政治经济环境正在发生深刻变化，逆全球化现象加剧，有的国家大搞单边主义、保护主义，中国经济与世界经济的良性互动也受到影响。在此背景下，中国需把发展立足点放在国内，更多依靠国内市场推动经济发展，充分发挥国内大循环的主体作用，同时为国际循环输入持续动力。

国际上，受各种逆全球化政策和行动的影响，传统国际循环明显弱化，国际贸易和投资增长乏力。加之新冠肺炎疫情和一些国家保护主义政策的影响，2020 年国际贸易与投资增长都出现大幅下滑。再看国内，中国国内大循环的基础日益巩固。目前，中国已建立了完善的国内产业链，拥有 14 亿多人口，人均国内生产总值已突破 1 万美元，是全球最大和最有潜力的消费市场，经济增长空间十分广阔。同时，支撑经济发展的科技实力稳步提升。随着创新驱动发展战略深入实施，科技体制机制改革进一步深化，重大科技创新成果不断涌现。面向新的发展阶段，中国必须将发展的立足点放在国内，通过激发国内市场活力和推动高新技术的自主创新，实现经济高质量发展，形成参与国际经济合作和竞争的新优势。

还要看到，中国国内循环对世界经济的带动作用在不断提升。近年来，中国对世界经济增长的贡献率保持在30%左右。尽管受到新冠肺炎疫情冲击，中国经济依然表现出较强的韧性。当前，中国经济正呈现持续向好的增长态势，而随着经济实力的持续增强，中国对外部环境的塑造力也将持续提升。外部环境不再主要取决于外部已有的基础或条件，而是更多取决于中国自身的选择和行动。

以国内国际双循环优化全球资源配置

中国乃至世界发展的成功实践已经证明，开放带来进步，封闭必然落后，高水平开放是国家发展繁荣的必由之路。无论是现在还是将来，中国改革的脚步不会停滞，开放的大门只会越开越大。因此，新发展格局绝不是封闭的国内循环，而是开放的国内国际双循环。中国着力构建新发展格局，将会更好吸引全球资源要素，进一步优化全球资源配置，在实现自身高质量发展的同时，促进世界经济增长。

更好吸引全球资源要素。经济全球化使资源配置从一国内部扩大到全球范围。在此过程中，全球资源配置的效率不断提升，并推动世界经济持续增长。中国改革开放40多年的历程，也是资源配置效率逐步提升的过程。中国经济的长期高速增长，充分反映出中国市场较高的资源配置效率。推动形成宏大顺畅的国内经济循环，实现开放的国内国际双循环，就能更好地吸引全球资源要素，这本身就是促进世界经济增长最直接、最有效的途径之一。据商务部发布的数据，2019年中国吸收外资占全球跨境直接投资（FDI）的比重为9.2%，2020年实际使用外资超过1400亿美元，再创历史新高，整个"十三五"时期（2016—2020）中国吸引外资总规模达6900亿美元左右，年均引资规模比上一个五年时期增加超100亿美元。

更好分享中国发展机遇。构建新发展格局不是追求中国发展的"一枝独秀"，而是要同世界各国共享发展机遇。一方面，对外开放是中国的基本国策，任何时候都不会动摇。中国向世界大开开放之门，欢迎世界各国搭乘中国发展的快车、顺风车。同时，中国还积极主动扩大进口，搭建中国国际进口博览会等平台，不断提高进口便利化水平。另一方面，中国积极落实联合国2030年可持续发展议程，引导应对气候变化国际合作，坚持促进更加包容、更可持续的全球发展。

更好促进世界经济良性循环。新发展格局要求更好利用国内国际两个市场、两种资源，在促进世界经济的良性循环中实现更加强劲和可持续的发展。在贸易方面，中国是全球最大贸易国和第二大进口市场。2021年，中国年度进出口规模达到6.05万亿美元，首次突破6万亿美元关口，达到了历史高点。同时，中国已经成为120多个国家和地区的主要贸易伙伴。在投资方面，中国对外直接投资和外资流入均居全球第二，双向良性互动效应日益增强。2021年中国对外直接投资流量1788.2亿美元，连续十年位列全球前三，当年境外企业向投资所在地纳税555亿美元，为当地提供约395万个就业岗位。新发展格局的构建将进一步促进中国经济与世界经济融合，优化全球供应链、产业链、价值链，为世界经济发展提供更加有力的支撑。

以高水平开放推进国内国际市场对接

新发展格局是国内国际市场更加深度对接的发展格局。一方面，要以扩大内需为战略基点，加强生产、分配、流通、消费环节的国内市场依托，打通国内经济循环的堵点，不断创造对接国际市场的基础和条件；另一方面，要以高水平开放为引领，推动构建全球互联互通伙伴关系，打通国际循环，实现共同发展。

一是打通国内经济循环堵点。实现国内大循环的畅通，关键在于找准并打通国民经济各个系统、各个环节的堵点，从根本上消除影响内需潜力释放的各种障碍。在宏观层面，针对生产、分配、流通、消费等各个节点存在的连接不畅等问题，要精准施策、逐个突破，形成相互衔接、有机联系、全面畅通的循环链条；在微观层面，对企业产品设计、生产、运输、销售、存储等环节存在的各种限制和障碍，要依法清理，不断优化营商环境。同时，还要形成高效规范、公平竞争的国内统一市场，打破妨碍不同区域间企业公平竞争的各种障碍。

二是夯实国际互联互通基础。实现国内国际双循环相互促进，关键在于推动全球互联互通。互联互通，既包括硬件基础设施的互联互通，也包括规则、机制和平台等软件与人员交流的互联互通。为此，必须依托高水平的全球共同开放，推动全方位的全球互联互通，帮助相关国家打破发展瓶颈、破除阻碍互联互通的各类障碍，不断为世界经济增长和构建开放型世界经济创造条件。

三是注重规则等制度型开放。制度型开放是对接现有国际通行规则、不断推动构建以规则为导向的开放型世界经济格局，是中国适应经济全球化发展新阶段要求的必然选择。经济全球化深入发展的重要特征之一，就是国际规则的普遍适用性提高，国际规则日益成为决定经济全球化发展方向的重要影响因素。因此，我们要不断夯实适应国际新规则的国内基础，化挑战为机遇，将自身实力转化为制度性话语权，不断推动经济全球化朝着更加开放、包容、普惠、平衡、共赢的方向发展。

统筹处理好发展与安全的关系

随着中国特色社会主义发展进入新时代，中国将超越"不发展"的问题，更多地关注"发展起来后"的问题。除了发展不平衡不充分的问题和发展过程本身的外部性问题之外，中国还面临着发展后带来的成果保障与地位维护问题。无论哪种发展问题，都包含了安全因素。对当代中国来说，发展仍是第一要务，是解决面临的突出矛盾和问题的关键，但安全问题的重要性也与日俱增。

安全和发展，一个是条件，一个是目的。中国在更大规模、更高水平上开放，同时也要注重安全发展，才能行稳致远。安全发展，是惠及其他国家、让他国也从中得益的包容性发展。以 2021 年公布的《国民经济和社会发展第十四个五年规划和 2035 年远景目标纲要（草案）》为例，在规划纲要草案中，将推进人民币国际化的表述从 "稳步"变成了"稳慎"。"稳慎"是否意味着人民币国际化政策要往回收？事实恰好相反，中国还将加大推进人民币国际化的力度。之所以要稳慎，是因为我们考虑的不仅是本国的安全，还要考虑其他国家在人民币使用和计价结算等方面的安全，这样才能长期互利共赢。

在进行资源分配时，要统筹兼顾发展目标和安全目标。在制定安全能力投入规划和发展成果投入规划时，应真正做到一起谋划、一起部署，实现有相对安全保障的发展成果最大化。通过提升安全能力的投入产出效率，以及提升发展成果的投入产出效率，增加有相对安全保障的发展成果。

参考文献

[1] 米歇尔·阿尔贝尔：《资本主义反对资本主义》，杨祖功、杨齐、海鹰译，北京：社会科学文献出版社，1999年。

[2] 阿里·卡赞西吉尔、黄纪苏：《治理和科学：治理社会与生产知识的市场式模式》，《国际社会科学杂志（中文版）》1999年第1期。

[3] 阿林·杨格：《报酬递增与经济进步》，贾根良译，《经济社会体制比较》1996年第2期。

[4] 艾伦·格林斯潘：《动荡的世界》，余江译，北京：中信出版社，2013年。

[5] 安格斯·麦迪森：《世界经济千年史》，伍晓鹰、许宪春等译，北京：北京大学出版社，2003年。

[6] 奥利佛·威廉姆森、斯科特·马斯腾编：《交易成本经济学经典名篇选读》，李自杰、蔡铭译，北京：人民出版社，2008年。

[7] 庇古：《福利经济学》（上卷），朱泱等译，北京：商务印书馆，2006年。

[8] 布坎南：《自由、市场与国家》，吴良健、桑伍、曾获译，北京：北京经济学院出版社，1988年。

[9] 蔡昉：《跨越"中等收入陷阱"唯有改革》，《参考消息》2016年3月14日。

[10] 陈广胜：《走向善治》，杭州：浙江大学出版社，2007年。

[11] 陈向阳：《尽快制定新的"大周边"战略》，《瞭望新闻周刊》2006年7月17日。

[12] 陈炎：《海上丝绸之路与中外文化交流》，北京：北京大学出版社，1996年。

[13] 陈玉荣、汤中超：《经济全球化背景下的"丝绸之路经济带"国际学术研讨会综述》，《国际问题研究》2014年第1期。

[14] 大卫·李嘉图：《政治经济学及赋税原理》，郭大力、王亚南译，北京：商务印书馆，1962年。

[15] 道格纳斯·C.诺思：《经济史中的结构与变迁》，陈郁、罗华平译，上海：上海人民出版社，1994 年。

[16] 邓小平：《邓小平文选》第一卷，北京：人民出版社，1994 年。

[17] 邓小平：《邓小平文选》第二卷，北京：人民出版社，1994 年。

[18] 邓小平：《邓小平文选》第三卷，北京：人民出版社，1993 年。

[19] 多里丝·贝特兰德：《联合国注重成果的方针：执行〈联合国千年宣言〉》，联合国联合检查署网站 2002 年 2 月，https://www.unjiu.org/zh/reports-notes/JIU%20Products/JIU_REP_2002_2_Chinese.pdf，登录时间：2015 年 3 月 3 日。

[20] 恩格斯：《家庭、私有制和国家的起源》，北京：人民出版社，1972 年。

[21] 费正清、刘广京编：《剑桥中国晚清史》（上下卷），中国社会科学院历史研究所编译室译，北京：中国社会科学出版社，1985 年。

[22] 冯维江、何帆：《直面现实的博弈论——2005 年诺贝尔经济学奖得主托马斯·谢林思想评述》，《国际经济评论》2005 年 11—12 月。

[23] 弗朗西斯·福山：《政治秩序的起源》，毛俊杰译，桂林：广西师范大学出版社，2012 年。

[24] 弗里德里希·李斯特：《政治经济学的国民体系》，陈万煦译，北京：商务印书馆，1961 年。

[25] 弗里德利希·冯·哈耶克：《通往奴役之路》，王明毅、冯兴元译，北京：中国社会科学出版社，1997 年。

[26] 弗里德利希·冯·哈耶克：《自由秩序原理》，邓正来译，北京：生活·读书·新知三联书店，1997 年。

[27] 傅高义：《邓小平时代》，冯克利译，北京：生活·读书·新知三联书店，2013 年。

[28] 国务院新闻办公室：《中国的和平发展》，中国政府网 2011 年 9 月 16 日，http://www.gov.cn/jrzg/2011-09/06/content_1941204.htm。

[29] 哈符等：《帝国：全球化的政治秩序》，杨建国等译，南京：江苏人民出版社，

2005 年。

[30] 海闻：《创新和教育是中国转型升级关键》，《参考消息》2016 年 4 月 5 日。

[31] 塞缪尔·P. 亨廷顿：《变化社会中的政治秩序》，王冠华译，北京：生活·读书·新知三联书店，1989 年。

[32] 汉斯·摩根索著，肯尼斯·汤普森、戴维·克林顿修订：《国家间政治》，徐昕、郝望、李保平等译，北京：北京大学出版社，2006 年。

[33] 何帆、冯维江、徐进：《全球治理机制面临的挑战及中国的对策》，《世界经济与政治》2013 年第 7 期。

[34] 何新：《龙：神话与真相》，北京：时事出版社，2002 年。

[35] 胡锦涛：《胡锦涛文选》第一卷，北京：人民出版社，2016 年。

[36] 胡锦涛：《胡锦涛文选》第二卷，北京：人民出版社，2016 年。

[37] 胡锦涛：《胡锦涛文选》第三卷，北京：人民出版社，2016 年。

[38] 基欧汉:《霸权之后: 世界政治经济中的合作与纷争》,上海: 上海人民出版社，2001 年。

[39] 贾康、苏京春：《中国突破"瓶颈期"亟须制度创新》，《参考消息》2016 年 3 月 23 日。

[40] 江必新：《推进国家治理体系和治理能力现代化》，《光明日报》2013 年 11 月 15 日。

[41] 中共中央文献研究室编：《江泽民论有中国特色社会主义》（专题摘编），北京：中央文献出版社，2002 年。

[42]《江泽民同志理论论述大事纪要》，北京：中央党校出版社，1998 年。

[43] 江泽民：《江泽民文选》第一卷，北京：人民出版社，2006 年。

[44] 江泽民：《江泽民文选》第二卷，北京：人民出版社，2006 年。

[45] 江泽民：《江泽民文选》第三卷，北京：人民出版社，2006 年。

[46] 卡尔·A. 魏特夫：《东方专制主义》，徐式谷等译，北京：中国社会科学

出版社，1989 年。

[47] 卡尔·波兰尼：《大转型：我们时代的政治与经济起源》，冯朗等译，杭州：浙江人民出版社，2007 年。

[48] 康芒斯：《制度经济学》，于树生译，北京：商务印书馆，1998 年。

[49] 理查德：《邓小平传》，武市红译，上海：上海人民出版社，2019 年。

[50] 厉以宁：《跨越"三座大山"方可避免落入"陷阱"》，《参考消息》2016 年 4 月 4 日。

[51] 联合国：《联合国第三个发展十年国际发展战略》，联合国网站，http://daccess-dds-ny.un.org/doc/RESOLUTION/GEN/NR0/388/47/IMG/NR038847.pdf?OpenElement，登录时间：2015 年 3 月 3 日。

[52] 联合国：《我们希望的未来》，联合国网站，https://rio20.un.org/sites/rio20.un.org/files/a-conf.216l-1_english.pdf.pdf，登录时间：2015 年 3 月 3 日。

[53] 联合国：《千年宣言》，联合国网站，http://www.un.org/chinese/aboutun/ir/millen-main.htm，登录时间：2015 年 3 月 3 日。

[54] 林毅夫、蔡昉、李周：《中国的奇迹：发展战略与经济改革》，上海：上海人民出版社，1999 年。

[55] 林毅夫：《中国跻身高收入国家有独特优势》，《参考消息》2016 年 3 月 25 日。

[56] 刘培林：《中国经济重回第一的历史镜鉴》，《中国经济时报》2014 年 10 月 16 日。

[57] 路德维希·冯·米塞斯《自由与繁荣的国度》，韩光明等译，北京：中国社会科学出版社，1995 年。

[58] 麦克法夸尔、费正清编：《剑桥中华人民共和国史：革命的中国的兴起1949—1965 年》，谢亮生等译，北京：中国社会科学出版社，1990 年。

[59] 麦克法夸尔、费正清编：《剑桥中华人民共和国史：中国革命内部的革命1966—1982 年》，谢亮生等译，北京：中国社会科学出版社，1992 年。

[60] 曼瑟·奥尔森：《权力与繁荣》，苏长和译，上海：上海人民出版社，2005 年。

[61] 中华人民共和国外交部、中央文献研究室编：《毛泽东外交文选》，北京：

中央文献出版社，北京：世界知识出版社，1994 年。

[62] 普莱斯·费希拜克、罗伯特·希格斯、加里·利贝卡普等：《美国经济史新论》，张燕、郭晨、白玲等译，北京：中信出版社，2013 年。

[63] 斯塔夫里阿诺斯：《全球通史》，董书慧等译，北京：北京大学出版社，2005 年。

[64] 苏莱曼：《苏莱曼东游记》，刘半农译，北京：中华书局，1937 年。

[65] 孙广振、张宇燕：《利益集团与"贾谊定理"：一个初步的分析框架》，《经济研究》1997 年第 6 期。

[66] 托克维尔：《旧制度与大革命》，冯棠译，北京：商务印书馆，1992 年。

[67] 王毅：《与邻为善 以邻为伴》，《求是》2003 年第 4 期。

[68] 温家宝：《中国人完全有能力解决自己的吃饭问题》，《农家之友》2008 年第 11 期。

[69] 习近平：《习近平谈治国理政》，北京：外文出版社，2014 年。

[70] 习近平：《习近平谈治国理政》第二卷，北京：外文出版社，2017 年。

[71] 习近平：《习近平谈治国理政》第三卷，北京：外文出版社，2020 年。

[72] 辛向阳：《推进国家治理体系和治理能力现代化的三个基本问题》，《理论探讨》2014 年第 2 期。

[73] 徐奇渊、孙靓莹：《联合国发展议程演进与中国的参与》，《世界经济与政治》2015 年第 4 期。

[74] 亚当·斯密：《国民财富的性质和原因的研究》，郭大力、王亚南译，北京：商务印书馆，1972 年。

[75] 亚历山大·格申克龙：《经济落后的历史透视》，张凤林译，北京：商务印书馆，2009 年。

[76] 杨小凯、张永生：《新兴古典发展经济学导论》，《经济研究》1999 年第 7 期。

[77] 张宇燕、高程：《美洲金银和西方世界的兴起》，北京：中信出版社，2004 年。

[78] 张宇燕：《经济发展与制度选择：对制度的经济分析》，北京：中国人民

大学出版社，2017 年。

[79] 张宇燕、李增刚：《国际经济政治学》，上海：上海人民出版社，2008 年。

[80] 张宇燕、任琳：《全球治理：一个理论分析框架》，《国际政治科学》2015 年第 3 期。

[81] 张宇燕：《全球治理：人类共同利益与冲突利益并存》，《探索与争鸣》2016 年第 5 期。

[82] 张宇燕：《全球治理的中国视角》，《世界经济与政治》2016 年第 9 期。

[83] 张宇燕：《全球治理共同利益与冲突利益的权衡》，《IPER 政经观察》2013 年第 1322 号。

[84] 张宇燕：《以国家利益设定中国对外战略》，《现代国际关系》2013 年第 10 期。

[85] 张宇燕：《战略机遇期：外生与内生》，《世界经济与政治》2014 年第 1 期。

[86] 张宇燕：《跨越"大国赶超陷阱"》，《世界经济与政治》2018 年第 1 期。

[87] 张宇燕：《中国对外开放的理念、进程与逻辑》，《中国社会科学》2018 年第 11 期。

[88] 张宇燕、徐秀军：《提振世界经济复苏士气》，《人民日报》2020 年 4 月 14 日。

[89] 张宇燕：《战争对经济的影响》，《国际经济评论》2003 年第 2 期。

[90] 张宇燕：《全球化、区域化和平行体系》，《世界经济与政治》2020 年第 1 期。

[91] 张宇燕：《百年未有之大变局的多维思考》，《世界知识》2019 年第 20 期。

[92] 张宇燕：《理解百年未有之大变局》，《国际经济评论》2019 年第 5 期。

[93] 张宇燕：《做到"五个并重"，建设"一带一路"》，《中国社会科学报》2019 年 3 月 15 日。

[94] 赵鼎新：《当今中国会不会发生革命？》，《二十一世纪》2012 年 12 月号。

[95] 朱丹丹、孙靓莹、徐奇渊：《重振可持续发展的全球伙伴关系》，北京：社会科学文献出版社，2016 年。

[96] 中共中央党史研究室编:《中国共产党历史》第二卷,北京: 中共党史出版社,2011 年。

[97] 中共中央党史研究室编:《中国共产党的九十年》, 北京: 中共党史出版社,2016 年。

[98] 中共中央文献研究室编:《邓小平年谱（1975—1997）》, 北京: 中央文献出版社, 2004 年。

[99] Aluwaisheg, A. A. (2014, January 17). China's New Silk Road Initiatives: A GCC Perspective, *Arab News,* http: //www.high-beam.com/doc/1G1-357344793.html.

[100] Arndt H. W. (1978). *The rise and fall of economic growth : a study in contemporary thought.* Melbourne: Longman Cheshire.

[101] Bauer, P. T. (1959). *United states aid and Indian economic development.* Washington, D.C. : American Enterprise Institute Press.

[102] Blumenthal, D., & Joseph, L. (2006, June 1). Oil Obsession: Energy Appetite Fuels Beijing's Plans to Protect Vital Sea Lines. *Armed Forces Journal.* Retrieved from http://armedforcesjournal.com/oil-obsession/#:~:text=Energy%20appetite%20 fuels%20Beijing%E2%80%99s%20plans%20to%20protect%20vital,we%20have%20 even%20less%20control%3A%20the%20Chinese%20economy.

[103] Chenery, H. B. (1979). *Structural Change and Development Policy.* New York: Oxford University Press.

[104] Chomsky, N. (1999). *Profit over people: Neoliberalism and Global Order.* New York: Steven Stories Press.

[105] Clark, C. G. (1940). *The Conditions of Economic Progress* (3rd ed.). London: Macmillan.

[106] Clarke, R. (2011, June 15). China's Cyberassault on America. *Wall Street Journal.* Retrieved from http://online.wsj.com/article/SB10001424052702304259304 576373391101828876.html.

[107] Dedrick, J. (2012). Who Profits from Innovation in Global Value Chains?

IPhones and Windmills. Retrieved from https://www.usitc.gov/research_and_analysis/documents/Dedrick_USITC_3-21-12_0.pdf.

[108] Department of Economic and Social Affairs of the United Nations. (2007). *The United Nations Development Agenda: Development for All.* Retrieved from http://www.un.org/esa/devagenda/UNDA_BW5_Final.pdf.

[109] Dreher, A., & Jensen, N. M. (2007). Independent Actor or Agent? An Empirical Analysis of the Impact of U.S. Interests on International Monetary Fund Conditions. *The Journal of Law & Economics,* 50(1), 105-124.

[110] Eugene, S. (1944). *World Economic Development: Effects on Advanced Industrial Countries.* Montreal: International Labour Office.

[111] Fleck, R.K., & Kilby, C. (2006). World Bank Independence: A Model and Statistical Analysis of Us Influence. *The Review of Development Economics,* 10(2), 224-240.

[112] Gallagher, K. P., & Porzecanski, R. (2010). *The Dragon in the Room: China and the Future of Latin American Industrialization.* Stanford, Calif. :Stanford University Press.

[113] Gompert, D. C., Cevallos, A. S., Garafola, C. L. (2016). War with China: *Thinking Through the Unthinkable.* Santa Monica, Calif. : RAND Corporation.

[114] Hirschman, A. O. (1981). *Essays in trespassing: Economics to politics and beyond.* Cambridge: Cambridge University Press.

[115] Jacques, M. (2012). *When China rules the world: The end of the western world and the birth of a new global order* (2nd ed.). New York: Penguin Press.

[116] Johnston, A. I. (1995). *Cultural Realism: Strategic Culture and Grand Strategy in Chinese History.* Princeton, N.J: Princeton University Press.

[117] Jones, E. L. (1981). *The European Miracle: Environments, Economics and Geopolitics in the History of Europe and Asia.* Cambridge: Cambridge University Press.

[118] Kaldor, N. (1957). A model of Economic Growth. *Economic Journal,* 67, 591-624.

[119] Kennedy, P. M. (1987). *The rise and fall of the great powers: Economic change*

and military conflict from 1500 to 2000. New York: Random House.

[120] Kissinger, H. (2011). *On China.* New York: the Penguin Press.

[121] Kuznets, S. (1966). *Moden Economic Growth.* New Haven: Yale University Press.

[122] Lal, D. (1983). *The poverty of development economics.* London: Institute of Economic Affairs.

[123] Laurance, W. (2012, May 9). Hungry dragon [Comment from the Professor William Laurence]. *Australian Geographic,* 118-119. Retrieved from https://rewilding. org/wp-content/uploads/2012/05/Australian-Geo-China-timber.pdf.

[124] Lewis, W. A. (1995). *The Theory of Economic Growth.* New Haven: Yale University Press.

[125] Little, I. M. D. (1982). *Economic development: Theory, policy, and international relations.* New York: Basic Books.

[126] Mandelbaum, K., & Schneider, J. R. L. (1945). *The industrialisation of backward areas.* Oxford: B. Blackwell.

[127] McManus, D. (2016, September 25). Clinton and Trump will be held to different debate standards,but that's OK. *Los Angeles Times.* Retrieved from https:// www.latimes.com/opinion/op-ed/la-oe-mcmanus-trump-clinton-debate-challenges-20160925-snap-story.html.

[128] Meier, G. M., & Seers, D. (1984). *Pioneers in development.* New York: Oxford University Press.

[129] Millikan, M. F., & Rostow, W. W. (1957). *A proposal: Key to an effective foreign policy.* New York: Harper & Bros.

[130] Mukhtarov, D. (2014, January 10). Kazakhstan considers its participation in Silk Road Economic Belt project. *Trend.* Retrieved from https://en.trend.az/casia/ kazakhstan/2228894.html.

[131] Myrdal, G. (1957). *Economic theory and under-developed regions.* London: G. Duckworth.

[132] Navarro, P., & Autry, G. (2011). *Death by China: Confronting the dragon—a global call to action.* Upper Saddle River, N.J: Prentice Hall.

[133] Olson, M. (1963). Rapid Growth as a Destabilizing Force. *The Journal of Economic History,* 23(4), 529-552.

[134] Pearson, L. B. (1970). The Pearson Report：A New Strategy for Global Development. *The UNESCO Courier.* Retrieved from https://unesdoc.unesco.org/ark:/48223/pf0000056743.

[135] Pillsbury, M. (2015). *The hundred—year marathon: China's secret strategy to replace America as the global superpower.* New York : Henry Holt and Company.

[136] Ramo, J. C. (2004). *The Beijing Consensus: Notes on the New Physics of Chinese Power.* London: Foreign Policy Centre.

[137] Rosenstein-Rodan, P. N. (1943). Problems of industrialization of eastern and south-eastern Europe. *The Economic Journal,* 53(210/211), 202-211.

[138] Rostow, W. W., & Kennedy, M. (1990). Theorists of economic growth from David Hume to the present: with a perspective on the next century. New York: Oxford University Press.

[139] Scobell, A. (2002). *China and Strategic Culture.* Retrieved from https://www.files.ethz.ch/isn/47375/China_Strategic_Culture.pdf.

[140] Seers, D. (1979). The birth, life and death of development economics : (revisiting a manchester conference). *Development and Change,* 10(4), 707-719.

[141] Spence, M. (2011). The Impact of Globalization on Income and Employment: The Downside of Integrating Markets. *Foreign Affairs,* 90(4), 28-41.

[142] Streeten, P., Burki, S. J., Haq, M. ., Hicks, N., Stewart, F., & World Bank. (1981). *First things first: Meeting basic human needs in the developing countries.* New York : Published for the World Bank [by] Oxford University Press, c1981.

[143] Subramanian, A., & Kessler, M. (2012, October 21). China's Currency Rises in the US Backyard. *Financial Times.* Retrieved from https://www.ft.com/

content/5a34c410-19d6-11e2-a379-00144feabdc0.

[144] Thant, U. U. (1978). View from the UN. New York: Doubleday & Company.

[145] Timperlake, E., & Triplett, W. C. (1999). *Red dragon rising: Communist China's military threat to America.* Washington, D.C. : Regnery Publishing.

[146] United Nations. (2019). The Sustainable Development Goals Report 2019. Retrieved from https://unstats.un.org/sdgs/report/2019/The-Sustainable-Development-Goals-Report-2019.pdf.

[147] Ward, B., Runnalls, J. D., D'Anjou, L., Commission on International Development., & Columbia Conference on International Economic Development (Eds.). (1971). *The Widening gap: development in the 1970's: A report on the Columbia Conference on International Economic Development, Williamsburg, Virginia, and New York, February 15-21, 1970.* New York: Columbia University Press.

[148] Williamson, J. (2004). The strange history of the Washington consensus. *Journal of Post Keynesian Economics,* 27(2), 195-206.

[149] Woods, N. (2003). The United States and the International Financial Institutions: Power and influence within the World Bank and the IMF. In Foot, R., MacFarlane, S. N., & Mastanduno, M. (Eds.), *U.S. hegemony and international organizations: The United States and multilateral institutions* (pp. 92-114). Oxford: Oxford University Press.

[150] World Bank. (1993). *The East Asian Miracle: Economic Growth and Public Policy.* New York: Oxford University Press.